Ein Denkmal im Roseggerpark in Krieglach.

Franz Preitler

Was die Waldheimat erzählt

Geschichten, Sagen und Begebenheiten rund um Peter Rosegger

Viel Freude mit
meinem Buch,
herzlichst Franz

SUTTON HEIMAT

Bildnachweis

Einband vorne, Vorsatz, Seite nach Vorsatz, S. 9, 15, 18, 50, 54, 67, 88, 97, 101, 103, 106, 110, 111, 119, Nachsatz und Einband hinten: Markus Haas-Rossegger; S. 7: Foto Böhm, Mürzzuschlag; Grafiken: Martin Cremsner. Alle anderen Bilder stammen aus dem Archiv des Autors.

„Waldheimat! Mir ist die Gegend ein unerschöpflicher Schatz von Erinnerungen und Stimmungen; wenn ich diesen Schatz auch nicht so oft aufsuche, so weiß ich doch, dass er mir nicht zerstört und nicht gestohlen werden kann. Die Berge stehen noch, wie sie gestanden, die Bächlein rinnen noch, wie sie geronnen und die Wolken ziehen gerade noch so hoch still darüber hinweg, wie einst, als ich mir meine Welt am Himmel baute."

Peter Rosegger aus *„Wanderungen in der Heimat"*

Einband vorne: Der Kluppeneggerhof am Alpl.
Vorsatz: Der Königskogel vom Mürztal aus gesehen.
Nachsatz: Das Roseggerdenkmal in Krieglach.
Einband hinten: Die Ruine Hohenwang bei Langenwang.

Hinweisseite Volkskultur Steiermark GmbH: www.peter-rosegger.at

Impressum
Sutton Verlag GmbH
Hochheimer Straße 59
99094 Erfurt
www.suttonverlag.de

ISBN 978-3-95400-920-6
Gestaltung & Satz: Sutton Verlag
Druck: Florjančič Tisk d.o.o. / Slowenien

Inhalt

Vorworte

Landeshauptmann
Hermann Schützenhöfer

Am 26. Juni 1918 beendete der steirische Schriftsteller Peter Rosegger seinen Lebensweg und das ganze Land verneigte sich vor seinem erstaunlichen Wirken. Seine Begabung, das Leben in all seinen Facetten auf Papier zu bringen, führte den Waldbauernbuben zur dreifachen Ehrendoktorwürde. Bereits zu Lebzeiten wurde Peter Rosegger zum international gefeierten Dichter und einem Aushängeschild der steirischen Literaturszene. Die Begeisterung von damals ist – beflügelt noch durch die sehenswerten Verfilmungen – erhalten geblieben und auch heute noch, ein Jahrhundert später, erfreut sich Peter Roseggers umfangreiches Werk großer Beliebtheit.

Peter Rosegger, dessen 175. Geburtstag und 100. Todestag wir in diesem Rosegger-Jahr mit einem umfangreichen Programm gedenken, ist zweifelsohne der bekannteste Sohn der Waldheimat. Dieser vielschichtigen Region, seiner Waldheimat, widmet sich auch das vorliegende Buch „Was die Waldheimat erzählt“, das gleichermaßen Geschichten und Geschichte einem breiten Publikum näherbringt.

Der vorliegende Bildband zeigt all diese Facetten des Wirkens dieses großen steirischen Literaten, der von der Waldheimat aus die Literatur bis in die Gegenwart prägt. An dieser Stelle danke ich Franz Preitler, dem Autor dieses Buches, der mit diesem Werk einen Beitrag dazu leistet, dass die Waldheimat in all ihrer Vielfalt betrachtet werden kann und dass auch für die Zukunft das Andenken an Peter Rosegger Bestand hat.

Ein steirisches „Glück auf!“

Hermann Schützenhöfer, Landeshauptmann der Steiermark

Bürgermeisterin
Regina Schrittwieser

Peter Rosegger, geboren am 31. Juli 1843 am Alpl und gestorben am 26. Juni 1918 in Krieglach, ist wohl der berühmteste Sohn der Marktgemeinde Krieglach. Mit seinem reichhaltigen literarischen Schaffen hat er bereits zu Lebzeiten große internationale Bedeutung erlangt und viele seiner Werke und Aussagen haben bis in die heutige Zeit ihre Aktualität bewahrt.

2018 ist ein großes Roseggerjubiläumsjahr – gedenken wir doch seines 175. Geburtstages und der Wiederkehr seines 100. Todestages mit einer Vielzahl an Veranstaltungen. Die Marktgemeinde Krieglach ist mit dem Namen des Dichters untrennbar verbunden, hat er doch diese Region als seine „Waldheimat" bezeichnet. Bereits damals schuf er damit eine „Marke", die auch 100 Jahre nach seinem Ableben nicht nur bei uns, sondern im gesamten europäischen Raum und darüber hinaus nach wie vor ein Begriff ist.

Dieser unserer Heimat widmet sich auch das vorliegende Buch „Was die Waldheimat erzählt". Das Andenken an Peter Rosegger zu wahren ist für die Marktgemeinde Krieglach eine ehrenvolle Aufgabe und so darf ich dem Autor des Buches, Herrn Franz Preitler, ganz herzlich dafür danken, dass er mit seinem Werk einen aktuellen Zugang zum großen steirischen Schriftsteller Peter Rosegger und zur Region Waldheimat schafft.

So lade ich die Leserin und den Leser herzlich ein, sich anhand dieses Buches auf eine literarische Wanderung durch unsere Waldheimat zu begeben.

DI Regina Schrittwieser, Bürgermeisterin der Marktgemeinde Krieglach

Bürgermeister Rudolf Hofbauer

Für das Rosegger-Jahr 2018 hat der gebürtige Langenwanger Autor Franz Preitler mit großer Sachkenntnis dieses Buch verfasst, womit er rund um den Lebensweg des Dichters und seine Waldheimat die wahre alte Zeit wachruft.

Der vorliegende Erzählband bezeugt, dass in Peter Rosegger, unserem bekanntesten steirischen Heimatdichter, ein Mann mit vielfacher Berufung steckt. Das bestätigen seine Werke und Zitate in vorausblickender Weise, denn sehr viele davon haben heute wie damals Gültigkeit. Rosegger wurde nicht müde, mit seiner Monatszeitschrift „Heimgarten" die Leute aufzuklären und, wenn notwendig, zu mahnen. Dadurch ist er heute noch interessant und lesenswert, auch wenn Rosegger selbst befürchtete, dass seine Werke in Vergessenheit geraten könnten.

Unter den vielen Sagen, Legenden und Erzählungen rund um die Waldheimat darf die Geschichte „Als ich Christtagsfreude holen ging" nicht fehlen. Darin erzählt Rosegger, wie er von seinem Vater am frühen Morgen des Heiligen Abends vom Alpl nach Langenwang geschickt wurde, um für die Familie die sogenannten Christtagsfreuden, also Lebensmittel, wie Mehl, Schmalz und Salz, einzukaufen. Die Marktgemeinde Langenwang veranstaltet alljährlich im Dezember in Erinnerung an den Waldbauernbuben eine Wanderung, die von Roseggers Geburtshaus über den Christtagsfreuden-Weg nach Langenwang führt und an der Gäste aus nah und fern teilnehmen.

Ich bedanke mich bei Herrn Franz Preitler und wünsche seinen Lesern eine spannende Reise durch die Waldheimat, einer traulichen Welt der steirischen Berge und Wälder mit zahlreichen Geschichten von den Menschen, ihren Freuden und Sorgen sowie ihrem Glück und Leid.

Viel Freude mit diesem Buch wünscht Ihnen

Rudolf Hofbauer, Bürgermeister der Marktgemeinde Langenwang

Zu diesem Buch

Wie die Bücher über die Mur, die Mürz und den Semmering, befasst sich dieser Band mit Geschichten, Legenden und Sagen aus der Volksüberlieferung rund um die Region Joglland-Waldheimat, illustriert mit Fotoaufnahmen von Markus Haas-Rossegger und mir sowie Grafiken von Martin Cremsner.

Portrait Peter Roseggers.

Zum 175. Geburtstag und gleichzeitig 100. Todestag von Peter Rosegger (1843–1918), ist das Jahr 2018 ein passender Anlass, diese bekannte Persönlichkeit des Landes Steiermark und die von ihm benannte Waldheimat wieder zu entdecken. In manch großen Themen zeigte sich Peter Rosegger facettenreich, vielschichtig und nach moderner Ansicht gelegentlich sogar widersprüchlich. Der in das bewegte politische und kulturelle Zeitgeschehen hineingerissene Heimatdichter bildete in seinen Werken zahlreiche Themen ab, die heute oft noch Gültigkeit haben.

Sehr viele Leserinnen und Leser kennen den Waldbauernbuben, die zentrale Gestalt seiner vier mit „Waldheimat" betitelten Buchbände. Mit diesem Begriff hat Rosegger eine geographische Region geprägt, die in sämtlichen Landkarten eingezeichnet und weit über die Grenzen Österreichs hinaus bekannt geworden ist. Den tiefsten und in Folge weittragendsten Einfluss auf seine Wesensart hatte die Landschaft, in die der Dichter hineingeboren wurde, da er sich in der Umgebung seiner heimatlichen Berge und Wälder, Wiesen und Bäche lebendig und mit ihr stets innig zusammengehörig fühlte, ganz er selbst sein konnte. Peter Rosegger wurde am 31. Juli 1843 am Kluppeneggerhof, einem abgelegenen Waldbauernhof am Alpl, als Kind des Ehepaares Maria und Lorenz Roßegger geboren. Ihm folgten in den nächsten 14 Jahren sechs Geschwister, von denen vier in jungen Jahren verstarben.

Alpl liegt auf einer Höhe von über 1.100 Metern in den Fischbacher Alpen, zwischen Krieglach und St. Kathrein am Hauenstein. Im Süden wird Alpl vom landwirtschaftlich dominierten oststeirischen Joglland und im Norden vom Mürztal begrenzt. Alpl ist eine Katastralgemeinde von Krieglach. Diese Marktgemeinde liegt an der Mürz und ist idyllisch von Bergen und Wäldern umgeben. Der Geburts- und Aufenthaltsort seiner Kindheit und Jugend prägte Peter Rosegger zeitlebens. Der frische Berglandcharakter, die zahlreichen Wälder sowie die saftigen Wiesen finden sich in seinen zahlreichen Erzählungen und Gedichten wieder, die er unter dem Titel „Waldheimat" literarisch verarbeitet hat.

Als Waldheimat wird die Gegend zwischen Mürz- und Feistritztal in den Fischbacher Alpen im Bundesland Steiermark bezeichnet. Sie birgt zahlreiche Geschichten, Anekdoten, Sagen und Begebenheiten von und rund um Peter Rosegger und seine Heimat.

Der Dichter sammelte steirische Volkslieder, Gebräuche und Impressionen aus dem Volksleben und gehörte zwischen 1889 und 1914 zu den meistgelesenen Autoren. Manches, was Peter Rosegger vor vielen Jahrzehnten weitblickend und aus moralischer Kompetenz ausgesprochen hat, könnte heute als weiterführender Denkanstoß geltend gemacht werden. Als Herausgeber der Zeitschrift „Heimgarten" setzte er sich gründlich mit dem Kulturleben auseinander und zeigte sich teilweise als Kämpfer gegen seine Zeit. Roseggers Erkenntnisdrang trieb ihn stets dazu, sein Wissen und seine Lebenserfahrung nach allen Seiten auszubilden. Er verstand sich als Analytiker und Therapeut und wirkte fast wie der verkörperte Protest auf den Journalismus seiner Zeit.

Dieses Waldheimatbuch bietet einerseits Einblicke in die Zeit der armen, genügsamen Bergbauern in der Waldheimat und andererseits in Roseggers Erfahrungen auf der Wanderschaft. Es lässt uns eintauchen in eine Welt, in der unsere eigenen Wurzeln liegen, stützt sich dabei auf Roseggers Zitate aus einer gleichzeitig guten und schlechten alten Zeit und versucht, diese wachzurufen. Diesen neuen Erzählband widme ich meiner lieben Familie und Freunden sowie meiner treuen Leserschaft und bedanke mich für die Unterstützung. Ich wünsche viel Freude beim Lesen und Vorlesen sowie beim Betrachten der Bilder.

Franz Preitler

Im großen Wald in der Waldheimat. ►

Vom Frieden des Herzens

In seinem Vortrag vor der Versammlung der Friedensfreunde im Mai 1892 in Wien betonte Rosegger, dass mit ihrer Aufgabe, den Glauben an die Möglichkeit eines beständigen Weltfriedens in der Welt zu verbreiten, schon vieles getan sei. In immer neuen Formulierungen wandelten seine Beiträge zu Krieg und Frieden die Ansicht ab, dass in der furchtbaren Geschichte des menschlichen Wahnes es keinen verhängnisvolleren Irrglauben gebe, als den, dass Kriege notwendig seien. Es dürfe nicht heißen: „Kriege sind, solange die Menschen denken, sondern Kriege sind nur, solange die Menschen nicht denken", so Rosegger. Nach Ausbruch des Ersten Weltkrieges hoffte der nicht unterzukriegende Optimist, der Krieg könne aufgrund seiner Folgen zum Umdenken führen, zu anderen Mitteln als denen der furchtbaren Gewalt, um die Wiederholung einer solchen Weltkatastrophe zu verhindern. Peter Rosegger spricht in seinem Gedicht „Ein bisschen mehr Frieden" viele wichtige Punkte an.

Es geht um das Miteinander, um das Zusammenleben der Menschen. Dieses Gedicht zeigt die Aktualität von Peter Roseggers Anschauung. „Noch in hundert Jahren werden sich die Menschen mit den Wertvorstellungen und dem Zusammenleben auseinandersetzen müssen. Selbst wenn die Welt ständig moderner und die Zeit schnelllebiger wird, so werden sich die Vorstellungen der Menschen über Moral und Gesetze wohl kaum ändern."

Ein bisschen mehr Friede
und weniger Streit,
ein bisschen mehr Güte
und weniger Neid.
Ein bisschen mehr Liebe
und weniger Hass,
ein bisschen mehr Wahrheit,
das wär' doch schon was.

Statt so viel Hast
ein bisschen mehr Ruh'.
Statt immer nur ich
ein bisschen mehr Du!
Statt Angst und Hemmungen
ein bisschen mehr Mut
und Kraft zum Handeln,
das wäre gut.

Kein Trübsinn und Dunkel,
mehr Freude und Licht.
Kein quälend Verlangen,
ein froher Verzicht
und viel mehr Blumen
so lange es geht,
nicht erst auf Gräbern,
da blüh'n sie zu spät!

Ziel sei der Friede des Herzens,
Besseres weiß ich nicht.

Peter Rosegger verstarb am 26. Juni 1918, eine halbe Stunde vor Mittag im Kreise seiner Familie in Krieglach. „Wenn die Meinen mich umgeben, atmend mein entschwindend Leben, und aus Gott ergebenem Sterben, meines Herzens Frieden erben."

Ein Mensch

„Lasst's mich aus mit den gefangenen Russen! Mit diesen habe ich kein Mitleid! Wir haben auf unsere Leute zu schauen!", so Freund Christof. Mit zorniger Stimme rief er es aus und tat danach. Er ging zu den verwundeten Soldaten; zumeist Steirer waren es, die hier in der Heimat gesund werden sollten. Da ging es fast heiter zu, trotz der blassen Gesichter und mancher schwerer Verwundung. An den Betten standen und saßen Verwandte und Bekannte, die den Kranken allerhand gute Dinge gebracht hatten. Etliche der Soldaten rauchten Zigaretten, andere lagen ruhig da, hörten dem traulichen Geplauder ihrer Lieben zu oder erzählten selbst in aller Ruhe von den Erlebnissen an der Front. Man merkte ihnen die Behaglichkeit an, endlich wieder daheim in reinen Betten zu liegen und die Ihren bei sich zu haben. Freund Christof schritt hin zwischen den Reihen der Betten und fragte eine Schwester, ob nicht ein recht Armer, Verlassener hier sei, dem er was Gutes tun könne? Die Schwester schaute über die Betten hin und dachte ein wenig nach. Und dann fiel es ihr ein, ganz unten, hinter dem Pfeiler, dort liege einer. Der lag allein. Weit um ihn war niemand. Abgehärmt und gelb das Gesicht mit tieftraurigem Blick schaute er hin auf die glücklichen Leidgenossen. „Er hat einen Schuss im Hals und kann nicht reden", sagte die Schwester, „Sie würden ihn auch kaum verstehen."

„Ist er kein Steirer?", fragte Christof.

„Nein. Ein Russe."

Mit einem Lappen trocknete sie den Schweiß von des Kranken Stirn. Jetzt stand mein Freund starr da und betrachtete den elenden Menschen. Und allmählich zog's ihn hin. Zigaretten wollte er ihm geben. Der Kranke lehnte ab. Geld wollte er ihm geben, der Kranke wehrte müde ab. Da kam dem Christof das Erbarmen, voll Teilnahme fasste er den Mann an der Hand. Und dieser hielt die gereichte Hand fest, zog sie an seinen mühsam gehobenen Kopf, um sie zu küssen – voller Dank, dass in Feindesland ihm, dem einsam Sterbenden, ein funke Teilnahme geworden. Nicht wahr, Freund Christof, wie er jetzt vor dir so dalag, da war's kein Russe mehr, es war ein Mensch!

(Quelle: „Aus alter und neuer Zeit", Schulbücherverlag 1919, Wien, Beitrag Peter Rosegger)

Ein fröhliches Wandern in der Heimat

Im Jahre 1888 erhielt Rosegger für alle Strecken der Südbahn eine Freikarte und dies wusste er bestens für sich zu nutzen. Er galt als sehr reisefreudig und in „Mein Weltleben" berichtete er: „Die Waldheimat, mein Graz, das große Wien – die Stränge der Bahn gehen hinauf bis gegen die Gletscherwelt, sie gehen hinab an das Meer. Sie durchziehen die schönsten Länder. Und diese Länder, mit ihren Naturherrlichkeiten, mit ihren eigentümlichen Völkerschaften, hat mir die Südbahn zum Geschenk gemacht. Seit dem letzten Jahre hat aus ganz eigenem Antrieb auch die Österreichische Staatsbahn auf allen ihren alpinen Strecken mir dieselbe Gastfreundschaft erwiesen. Habt Dank, ihr Herren, für dieses Reiseglück." Er bereiste große Teile Deutschlands, Frankreichs und Italiens, doch am liebsten hielt er sich in der Steiermark auf, die er aufmerksam durchwanderte und ebenso eifrig beschrieb. Im Buch „Am Wanderstabe" stellte er fest: „Es gibt Kinder, welche mit neugierigen Augen in die Welt hinausschauen und jeden Menschen gutmütig anlächeln, dabei aber nicht einen Augenblick die Rockfalten der Mutter aus der Hand lassen. Ein solches Kind bin ich und meine Mutter ist die Steiermark." Mit seinem Bergstock durchwanderte Rosegger die Steiermark und natürlich besuchte er das Mürztal so oft es ging, auch das Murtal und so mancher Marsch führte ihn in die Gebiete der Enns, der Kainach, der Lassnitz und der Sulm. Von den Höhen der Gleinalpe überblickte er weite Teile des Landes und eine Stunde hinter Eibiswald meinte er, dass seine Grußworte bereits mit slawischer Sprache beantwortet wurden. Er verfasste über seine Reisen einerseits anspruchsvolle Wanderliteratur und andererseits sogar Wanderführer im modernen Sinne, nach denen man sich heute noch auf seine Spuren begeben kann. Die steirische Natur mit ihrer vollen, ungeahnten Pracht, wie auch die Leute, die ihm auf seinen Reisen begegneten, waren ihm die größte Freude. So meinte er zu seinen heimatlichen Reisen: „Die grüne Steiermark mit ihrer unendlichen Mannigfaltigkeit auf den Höhen wie in den Tälern ist schön gewesen zu aller Zeit, ein Kleinod, um dessen Besitz sich die Großen oft hartnäckig gebalgt haben … Hoch vom Dachstein an bis zum Bett der Sann! Welch ein Reichtum von gewaltiger Herrlichkeit und lieblicher Schönheit auf so kleinem Flecke!" Wenn ihn die Wanderlust packte, konnte ihn nicht einmal die Sorge der Familie um seine Gesundheit zurückhalten. Einer seiner Lieblingsplätze war die Gölkkapelle, die kleine Waldkirche am Fuße des Gölkberges, die er bereits als kleiner Bub mit seiner Mutter besucht hatte. Von

FAHRKARTE
SÜDBAHN
WIEN-MÜRZZUSCHLAG-TRIEST
Dieser Zug fährt ab
ORDEN DER
WIEN
Wr. Neustadt
Aspang
Bruck/Mur
Hartberg
Graz
Marburg (Maribor)
Pragerhof (Pragersko)
Pettau
Cilli (Celje)
Steinbrück (Zidani Most)
Laibach (Ljubljana)
TRIEST
Divača
Fahrplan
der
k. k. Staatsbahnen und der priv. Südbahn
und Wörthersee-Dampfschiffahrt
vom 1. Mai 1912.
Inhalts-Verzeichnis.
Seite
Franzensfeste – Marburg . 2—3
Marburg—Franzensfeste . 4—5
Pontafel—St. Michael . 6—7
Triest-Klagenfurt-St. Veit . 11
Treibach—Kl.-Glödnitz . 14
Hermagor—Arnoldstein . 14
Ferlach—Weizelsdorf
Weizelsdorf—Ferlach
Zeltweg—Unterdrauburg . 15
Unterdrauburg—Zeltweg . 15
Tarvis—Laibach . 16
Laibach—Tarvis . 16
St. Veit—Hüttenberg . 17
Hüttenberg—St. Veit . 17
Wien-Triest . 18
Triest Wien . 19
Kühnsdorf—Eisenkappel . 20
Eisenkappel—Kühnsdorf . 20
St. Michael—Bruck . 20
Bruck—St. Michael . 20
21—22
Waldheimat
LITERATUR
2017

dort aus wanderte er auf die Ruine Hohenwang bei Langenwang, die, wie er meinte, „einem Diadem gleich auf ihrem Hügel thront" und einst als feste Burg das Mürztal weithin beherrschte. Die innigste Beziehung pflegte er zum Alpsteig, dem bekannten Weg, der nach Alpl zu seinem Geburts- und Heimathaus führt. „Wie oft in meiner Jugend ist mir dieser liebe Alpsteig ein Kreuzweg gewesen, wie oft ein Freudenweg! Wie geschäftig ist heute noch meine Seele im Sinnen und Dichten, wenn ich allein dahinschreite auf dieser Waldstraße!"

„Wenn ich durch meine heimatlichen Gegenden wandere, bin ich ganz ich. Da fühle ich eine ungelöste Einheit zwischen mir und den Bergen, Matten, Wäldern und Bächen, die um mich sind, eine Einheit, die mein Lebtag so war und sein musste, die meine volle Ganzheit ausmacht, in der ich mich ausfülle, kurz, in der ich bin."

(Peter Rosegger, Heimgarten Tagebuch 36, 216)

Vom Grünbründl

Auf der Westseite des Rabenwaldes steht im Waldesschatten – 1.012 Meter hoch gelegen – eine einfache, aus Holz erbaute Kapelle, unter der eine klare Quelle entspringt. Das Grünbründl. Eine Inschrift im Inneren der Kapelle verkündet: „Ursprung des gnadenvollen Muttergottesbildes vom Grünbründl".

Anfang des 16. Jahrhunderts lebte im Markt Anger ein armer Töpfergeselle, der wegen des Verlustes seines Augenlichtes keine Arbeit mehr leisten konnte. Er suchte sein Leben durch Hilfe mildtätiger Menschen fortzubringen, bis ihn durch sein Herumziehen ein ekelhafter Aussatz befiel, sodass ihn niemand in sein Haus aufnehmen wollte. Da er auf seine Bitte keine Herberge mehr erhalten konnte, irrte er eines Abends in diesem damals großen Wald umher, ohne einen Ausweg zu finden. Von Hunger und Durst gequält, sank er vor Mattigkeit unter einem Baum zusammen und nahm seine Zuflucht bei der Heiligen Jungfrau Maria. Plötzlich hörte er Wasser rauschen und fand auf einem grünen Platz einen klaren Brunnen, aus welchem er seinen Durst stillte. Er empfahl sich nochmals mit einem inbrünstigen Gebet und schlief auf dem Platz ein. Gestärkt durch den Schlaf und im Vertrauen auf Gott wusch er sich an diesem Brunnen die Augen und seinen aussätzigen Körper und wanderte getröstet weiter mit dem Vorsatz, diesen Platz öfter zu besuchen, um sich zu reinigen und gesund zu werden. Er nannte diese Quelle den grünen Brunnen. Durch den Gebrauch dieses Wassers erhielt er nicht nur sein Augenlicht, sondern wurde auch von seinem Aussatz gänzlich gereinigt. Aus Dankbarkeit versprach er, ein Marienbild bei dieser Quelle zu errichten, wozu er bald imstande war, da er etwas verdienen konnte. Von dieser Zeit an verrichtete er alle Sonntage seine Andacht hier, bis er in einem hohen Alter selig im Herrn entschlief.

Ein rauschendes Bächlein in der Waldheimat.

Dieses Bild hing durch viele Jahre über dem Brunnen, bis es durch einen furchtbaren Sturm vom Baum herabgeworfen und durch das Wasser eines Wolkenbruches gegen das Dorf Maierhof geschwemmt wurde. Dort wurde es von einem Bauern im Sand gefunden, der es mit nach Hause nahm und in seiner Stube zur religiösen Zierde aufstellte. Über Nacht aber war das Bild verschwunden und befand sich wieder am vorigen Platz, ohne dass man wusste, wie es geschehen war, worauf eine Säule errichtet und das Bild daran angebracht wurde. Nach langer Zeit vermoderte die Säule und das Bild, welches zu der Zeit in dieser Einöde wenig beachtet und von Moos und Gras überwachsen ward, wurde von den Menschen gänzlich vergessen. Im Jahre 1740 gingen im Herbst Schafe verloren, die nach Tagen beim grünen Brunnen gefunden wurden, wo auch das Bild wieder zum Vorschein kam, das an ein Kreuz gehangen und wieder verehrt wurde. Im Jahre 1783 ließ der damalige Schwitzbauer Andreas Schieckhofer das genannte Kreuz errichten und weihen. Im Jahre 1833 wurde unter Anleitung des Matthias Pulzhofer von der Gemeinde die hölzerne Kapelle erbaut, in den Jahren 1910/11 durch Anordnung des Johann Paier untermauert und schon mancher Christ hat hier Trost im Gebet gefunden.

(Quelle: „Steirisches Heimatheft“ Nr. 11, Franz Brauner, Leykam Graz 1953)

Birkfeld

In einer Urkunde aus dem Jahre 1265 wird der Ort erstmalig als landesfürstlicher Markt erwähnt, muss also sicherlich früher entstanden sein. Später waren die Bürger der Herrschaft Wachsenegg (bei Anger) untertänig und von 1571 an gehörten sie zur Herrschaft Birkenstein, die damals von Wachsenegg abgetrennt wurde. Pfarre und Kirche werden 1295 genannt. Das gegenwärtige große Gotteshaus entstand in den Jahren 1709 bis 1715, der Turm jedoch steht auf einem viel älteren Unterbau. Besonders sehenswert ist die prachtvolle Orgel aus dem Jahre 1766. An der südlichen Kirchenwand findet man das Grabmal des steirischen Landeshauptmannes Moritz Ritter von Kaiserfeld, gestorben 1885. Im 16. Jahrhundert waren die Birkfelder eifrige Anhänger der lutherischen Lehre und zwischen 1584 und 1587 kam es sogar zu öffentlichen Tumulten und zu Angriffen auf den katholischen Pfarrer. Die Gegenreformation (1600) machte die Bürger wieder katholisch.

Der Markt Birkfeld war ehemals Mittelpunkt eines lebhaften Fuhrwerksverkehrs nach allen Richtungen, besonders ins Mürztal, in die östliche und nordöstliche Steiermark und auch darüber hinaus. Die vielen Gasthöfe mit den weiten Toreinfahrten, den großen Stallungen usw. erinnern noch heute an das „Goldene Zeitalter“ der Frächter, Fuhrleute und Wirte. War doch der Fuhrmann früher überall ein gern

Die Kirche zu den Heiligen Peter und Paul in Birkfeld.

gesehener Gast und gleichzeitig auch die lebendige Zeitung. Die Eisenbahn und die Autos haben der Idylle ein Ende bereitet.

(Quelle: „Steirisches Heimatheft“ Nr. 11, Franz Brauner, Leykam Graz 1953)

Der Teufelstein

Die höchste Erhebung in den Fischbacher Alpen ist der Teufelstein, im Volksmunde auch „Tuifelstoan“ genannt. Man besteigt ihn entweder von der Stangelalm oder vom Alpsteigsattel aus. In etwa zweistündiger Wanderung durch düsteren Nadelwald führt der Weg zur Höhe. Auf dem Gipfel befinden sich drei riesige Felsblöcke übereinander getürmt, auf der Wiese herum liegen Steintrümmer zerstreut. Über den Teufelstein erzählen sich die Leute folgende Sage:

Nach dem Sündenfall wurde Luzifer vom Himmel in die Hölle verstoßen. Dort hielt er es wohl mehrere tausend Jahre aus, aber schließlich überkam ihn doch die Sehnsucht nach seiner ehemaligen himmlischen Heimat. Er stellte sich vor die Himmelstür, wartete auf Gottvater und bat ihn um Wiederaufnahme unter die Engel im Himmel. Der liebe Gott in seiner Güte wollte ihn nicht abweisen und sprach: „Wenn

Der sagenumwobene Teufelstein bei Birkfeld.

du in der Christnacht während der heiligen Wandlung einen Turm bauen kannst, der bis in den Himmel reicht, so will ich deinen Wunsch erfüllen." Wohl schien dem Teufel die gestellte Aufgabe etwas schwierig, doch war das Verlangen nach Erlösung aus der Höllenglut zu groß, um sie nicht zu probieren. Er zimmerte sich eine Trage und wartete in der Christnacht auf die befohlene Zeit. Als die Kirchenglocken den Beginn der Wandlung anzeigten, flog er frohgemut zur Hohen Veitsch, fasste einen Riesenstein, lud ihn auf die Trage und trug ihn so durch die Luft zur Fischbacher Alpe. Oben warf er ihn hin und flog wieder ein zweites und ein drittes Mal. Aber noch wollte der Turm nicht in den Himmel reichen, sodass er schon ungeduldig wurde. Jetzt nahm er einen gewaltigen Felsblock, aber, o weh, da brach die Trage und der arme Teufel musste sie zusammennageln. Noch bevor er mit dieser Arbeit fertig war, begannen im Tal die Glocken zu läuten, die Wandlung war vorüber. Wild schnaubend vor Zorn und Wut schleuderte er den Stein nieder, dass die Erde dröhnte und die Trümmer über die Wiesen rollten. Der Teufel musste wieder in die Hölle zurück, der Berg aber, auf dem er den Turm hatte bauen wollen, heißt seitdem der Teufelstein.

(Quelle: „Steirisches Heimatheft" Nr. 3, Franz Brauner, Leykam Graz, 1950)

Der Teufelssprung in der Stegmühle

An der Straße von Anger nach Birkfeld, wo der Weg durch den Naintschgraben nach Heilbrunn abzweigt, liegt die Stegmühle; links von der Straße die Mühle und die Säge, rechts das Wohnhaus. Dieses hat nach alter Bauweise ungemein feste und dicke Mauern. Jeder, der vorbeigeht, kann an der Wand, die nach Anger steht, einen großen, vom Dach bis zum Erdboden reichenden Sprung im Mauerwerk erblicken. Mit dem hat es folgende Bewandtnis:

Vor vielen Jahren wollten die Stegmüllerleute in der Christnacht zur Mette nach Anger gehen. Da kam aus dem Naintschgraben ein Fremder, schwarz gekleidet, der auf einem Fuß hinkte, wahrscheinlich von dem beschwerlichen Weg. Er bat um eine Nachtherberge. Die könne er haben, aber zuerst müssten alle in die Mette. Da zog der Fremde ein Spiel Karten aus dem Sack. Er wisse ein neues Spiel, bei dem man sich besser unterhalten könne, als in der Kirche. Und richtig, während die Weibsbilder in die Kirche eilten, ließen sich die Männer beschwatzen, heizten in der großen Wohnstube tüchtig nach, füllten den Mostkrug und setzten sich mit dem Fremden um den Tisch in der Ecke. Der Herrgottswinkel war just leer, das Kruzifix, von Rauch und Alter geschwärzt, wurde gerade vom Anstreicher frisch bemalt, er hatte seine Arbeit trotz sicherer Zusage vor den Feiertagen nicht fertig gemacht. Die Handwerker sind

Trost
Armen Seelen.
Amen
2016

schon einmal so. Der Fremde wusste wirklich ein neues, sehr lustiges Spiel, außerdem zeigte er ergötzliche Kartenkunststücke und erzählte dabei allerhand Schnurren, sodass die Männer sich ausgezeichnet unterhielten. In der Nebenkammer, die Tür war wegen der Wärme offen gelassen worden, saß in ihrem Lehnstuhl die alte, halbgelähmte Ahnlmutter. Sie wollte die Heilige Nacht aufbleiben, um zur Mettenzeit ihre Andacht daheim zu verrichten. Von dem Gelächter in der Stube ward die Eingeschlummerte wach, griff zum Rosenkranz und begann laut zu beten. Kaum hatte sie den Namen Jesu ausgesprochen, da geschah ein schrecklicher Krach – der Fremde war verschwunden, aber nicht durch die Tür, sondern mitten durch die Wand, an der er gesessen. Die Mauer aber zeigte einen langen, handbreiten Spalt und die Stube war voller Rauch und Schwefelgestank. Da merkten die Männer, dass sie mit dem Teufel Karten gespielt hatten, fielen auf die Knie und dankten Gott, dass er sie von dem Bösen erlöst hatte. Jeder Besitzer der Mühle bemüht sich seitdem, den Spalt in der Mauer auszubessern. Es gelingt nie ganz. Immer wieder zeigt sich der Sprung im Mauerwerk. Die Leute nennen ihn allgemein den Teufelssprung.

(Quelle: „Oststeirische Sagen und Schwänke“,
Franz Hausmann, Leykam Graz, 1931)

Nicht bewährt

An den Abhängen des Masenberges, zwischen Pöllau und Vorau, weidete ein armer Schäferjunge seine Herde. Sorgfältig achtete er auf seine Lämmchen und sah ihnen zu, wie sie munter umherhüpften und freudig blökten, wenn sie auf der mageren Weide eine Stelle fanden, auf der etwas mehr und saftigere Kräuter und Blumen wuchsen, als sonst regelmäßig zu finden waren. Als es Mittag geworden und die Sonne hoch am Himmel stand, trieb der Junge seine Tierchen zusammen, führte sie in den nahen Wald, wo es schattiger war und setzte sich dann auf einen der herumliegenden Felsblöcke, um nun sein gewöhnliches Mahl einzunehmen. Dieses bestand aus einem Stücke schwarzen Brotes und einer Handvoll würziger Erdbeeren, welche er unterwegs gefunden und gepflückt hatte. Eine klare Quelle, welche nicht weit davon vorbeirieselte, bot ihm den erfrischenden Trunk dazu.

Wie er nun so dasaß und sich's schmecken ließ, fiel ihm auf einmal seine ärmliche Lage ein und er begann mit sich selbst zu reden. „Ach“, sprach er, „ich und meine Schafe, wir sind wohl arm, sehr arm. Ich verdiene mir kaum dieses schwarze Stückchen Brot und meine Tiere finden nicht einmal Futter genug auf dieser mageren Weide. Wäre ich nur ein bisschen reich, uns sollte es ganz anders gehen und meine Schäflein sollten das beste Weideplätzchen angewiesen erhalten!“ Kaum hatte der Junge so gesprochen, da stand ein alter Mann vor ihm, den er früher nie gesehen.

Dieser blickte ihn ernst und forschend an und sprach: „Verzage nicht, klage nicht, denn es kann dir ja geholfen werden! Schon mancher Arme hat in der Welt sein Glück gemacht, insofern er es verstanden hat, die günstige Gelegenheit zu erfassen und sie auch festzuhalten. Du hast deiner Tierchen gedacht und nicht nur an dich allein; dies gefällt mir und ich will dich für deine Gutherzigkeit belohnen. Komm und folge mir!“

Erstaunt hatte der Schäferjunge den rätselhaften Alten betrachtet und ihm zugehört. Nun stand er auf und folgte ihm in eine verborgene Felsenschlucht und in einen langen, dunklen Gang, an dessen Ende ein See war. Ein schmaler Steg führte über diesen letzteren und endlich kamen sie zu einer Tür, die sich von selbst öffnete. Der Junge sah sich in einem lichten Gewölbe, in dessen Mitte eine große, eiserne Truhe stand, welche mit blinkenden Goldmünzen ganz gefüllt war.

„Nun“, sprach der Alte, „hier ist der Schatz, der dich glücklich machen soll; nimm davon, soviel du willst und fülle damit deine Taschen an, doch sage keinem Menschen ein Wörtchen, wie du dazugekommen bist!“ Der Junge versprach dies und füllte seine Säcke so, dass er kaum mehr zu gehen vermochte. Darauf verließen sie das Gewölbe, überschritten auf dem langen, schmalen Stege den See und gelangten durch den dunklen Gang wieder ins Freie. Als sich der Schäfer umsah, um sich die Stelle gut zu merken, wo der Eingang zur Schatzhöhle war, sah er nichts als einen steilen Felsen vor sich. Auch der rätselhafte Alte war verschwunden. Nun griff der Junge in seine Taschen und überzeugte sich, dass es wirklich Dukaten seien, welche er zu sich gesteckt. Dann aber rief er laut: „Jetzt kann die Schafe hüten, wer da will! Ich tu's nicht mehr, denn ich bin jetzt reich und kann mein eigener Herr sein!“ Und nun lief er eiligst ins heimatliche Dorf und erzählte, ungeachtet seines dem Alten gegebenen Versprechens, den Leuten, was er erlebt hatte. Als er aber dann in die Taschen griff, um die Wahrheit seiner Erzählung zu beweisen, da zog er, o weh, nichts als lauter Kieselsteinchen hervor. Die Leute lachten ihn nun weidlich aus, ja einige von ihnen waren gar erbost, dass der Junge sie zum Besten gehalten und ließen ihn dafür ihre Fäuste fühlen. Wütend darüber eilte der Schäferjunge zu seiner Herde zurück, wo er den rätselhaften Alten wieder sah, den er nun über den ihm gespielten Streich zur Rede stellte. Dieser antwortete ihm in ernstem und verweisendem Ton: „Du hast dich nicht bewährt! In deinem Glücke hast du die Herde verlassen und auch dein Versprechen, Stillschweigen zu bewahren, nicht gehalten und deshalb verwandelte sich das Gold zur Strafe in Kieselsteine!“ Und nach diesen Worten war der Alte verschwunden. Der Junge musste nun nach wie vor die Schafe hüten und hatte dabei Muße genug, sich selbst über seinen Eigennutz zu schelten und sich darüber zu ärgern, dass er es nicht verstanden hatte, das Glück festzuhalten.

(Quelle: „Sagen aus der grünen Mark“, Hans von der Sann, Graz 1911)

Die Gründung von Vorau

Weithin nach allen Seiten sichtbar liegt auf einem mäßigen Hügel das Chorherrenstift Vorau, die turmreiche Klosterburg, die Beherrscherin des Wechselgaues. Vor etwa acht Jahrhunderten war das weite Gebiet ringsumher noch fast ganz mit Wald bedeckt. Die Namen der Orte Mönichwald, Waldbach und St. Jakob im Walde erinnern wohl heute noch daran. Ottokar III., Markgraf der Steiermark, dem diese Besitzungen gehörten, jagte einst, begleitet von seiner Gemahlin Kunigunde, in diesen Gegenden. Die Markgräfin hatte schon lange insgeheim das Gelöbnis getan, als Dank für die glückliche Geburt des langersehnten Erben, des nachmaligen Markgrafen Ottokar IV., eine Kirche oder ein Kloster zur Ehre Gottes zu erbauen. Auch ihr Gemahl, denn diesen hatte sie in ihr Geheimnis eingeweiht, hatte gerne ihrer frommen Absicht zugestimmt, doch waren sie bisher in der Wahl eines geeigneten Ortes noch zu keinem Entschluss gekommen. Als sie nun in der Gegend des heutigen Vorau jagten, fanden sie, von höherer Macht erleuchtet, dass das Gebiet für solch ein gottesgeweihtes Beginnen geeignet sei, und so begannen sie sich denn auch gleich nach einer passenden Stelle umzusehen. Doch die Wahl fiel ihnen schwer. Da fing plötzlich das Hündchen der Markgräfin, das sie begleitete, ganz gegen seine sonstige Art ungewöhnlich laut zu bellen an. Als das Bellen nicht verstummte und der Hund trotz aller Liebkosungen sich nicht beruhigen wollte, vielmehr wie besessen umhersprang und die Gräfin am Rocksaum zu ziehen und zu zerren begann, da wurden die beiden Ehegatten aufmerksam. Sie folgten dem Hund, der bellend vor ihnen hersprang. Er führte sie zu einer Stelle im Walde, wo er sofort eifrig die Erde aufzuscharren begann. Unausgesetzt stieß er dazwischen ein wahres Freudengeheul aus und immer größer wurde die Spannung der Zuschauer. Als der Hund endlich ein großes Loch aufgewühlt hatte, sah die Gräfin einen Gegenstand aus der Erde herausblitzen. Zu ihrem größten Erstaunen kam bald ein glänzendes Kreuz zum Vorschein, von dem ein wunderbarer, weithin leuchtender Schein ausging. Ergriffen sank sie in die Knie, hob das Kreuz auf und wies es dem Gemahl mit den Worten: „Dies Kreuz ist ein deutlicher Wink, den uns der Himmel gibt. Er will uns damit den Ort weisen, wo die Kirche stehen soll. Ich bitte dich, lasse hier an dieser Stelle eine Kirche bauen, so wie du es mir einst versprochen hast.“ Gern erfüllte der Markgraf den Wunsch seiner Gemahlin, ließ an dieser Stätte um 1163 ein prächtiges Gotteshaus erbauen und nannte es die heilige Kreuzkirche. Auch gründete er ein Kloster, das er samt seinem Gut Vorau dem Erzbischof von Salzburg schenkte, zu dessen Diözese Vorau gehörte. Der Erzbischof Eberhard I. nahm die Schenkung an und sandte einige Chorherren dorthin, die das Waldland rodeten und ertragreich machten und jahrhundertelang segensreich für die ganze Gegend wirkten.

Das Augustiner-Chorherrenstift Vorau.

Ebenso gründete Ottokar III. 1160 am Semmering ein Hospiz für Pilger, Kreuzfahrer und Kaufleute im heutigen Spital am Semmering und 1164 die erste Kartause Deutschlands zu Seiz bei Gonobitz. Nach der Zerstörung des Stifts im Jahr 1237 erfolgte der schnelle Wiederaufbau. König Rudolf I. von Habsburg stellte 1277 dem Stift einen Schutzbrief aus. Ein Brand verheerte die Klostergebäude im Jahr 1384 erneut. Papst Nikolaus V. gestattete den Pröpsten von Vorau im Jahr 1452, bei feierlichen liturgischen Handlungen die Pontifikalien zu tragen. Der römisch-deutsche Kaiser Friedrich III. verlieh 1453 dem Stift sein heutiges Wappen und erteilte die Erlaubnis, eine Rüstkammer einzurichten. Wegen der anhaltenden Türkengefahr veranlasste Propst Leonhard von Horn den Umbau des Stifts zu einer Klosterburg mit Wassergraben, Wehrmauer und Zugbrücke.

(Quelle: Auszug aus „Oststeirische Sagen und Schwänke“, Franz Hausmann, Leykam Graz, 1931)

Ein Pakt mit dem Teufel

Die Auffahrt zum großen Stiftstor von Vorau wird von einer stattlichen Reihe uralter Lindenbäume beschattet. Eine Sage berichtet, dass einst ein Probst des Stiftes den Entschluss fasste, zwischen die Lindenbäume auch eine stattliche Buche zu pflanzen. Sie sollte dem zwischen Vorau und Lafnitz gelegenen Buchenwalde entnommen und mit allem Wurzelwerk und anhaftendem Erdreich in die Lindenallee eingesetzt werden. Es fand sich aber niemand, der dieses Kunststück für möglich gehalten und auch durchgeführt hätte. Eines Tages meldete sich ein fremder Mann beim Probst und machte sich erbötig, die Verpflanzung der Buche durchzuführen. Hocherfreut über diesen Vorschlag fragte der Probst nach dem Preis. „Nach deinem Tod sollst du mir gehören“, antwortete der Fremdling. Der verblendete Probst überlegte nicht lang und der Pakt wurde daraufhin schriftlich bestätigt.

Am nächsten Morgen stand zum Erstaunen aller Vorauer eine herrliche alte Buche mitten unter den Linden. Die Jahre vergingen und der Probst hatte mit der Zeit den Vorfall allmählich vergessen. Er starb, ohne sich wieder an sein Versprechen erinnert zu haben. Als der Tote jedoch auf der Bahre lag und alles zu einer feierlichen Beerdigung bereit war, kam ein fremder Fuhrmann mit einem Wagen, der von zwei kohlschwarzen Ochsen gezogen wurde, mit Peitschenknall in den Stiftshof gefahren und verlangte den Leichnam des Verstorbenen. Weil er einen Vertrag mit der eigenhändigen Unterschrift des Probstes vorwies, musste man ihm den Sarg mit dem Leichnam ausfolgen. Er lud ihn auf seinen Wagen und fuhr damit in Richtung nach dem Buchenwald davon. Dort, mitten im Wald und nicht weit von der rauschenden Lafnitz entfernt, tat sich plötzlich mit einem gewaltigen Krach die Erde auf und der

Leibhaftige – denn kein anderer war der unheimliche Fuhrmann gewesen – verschwand mit Ochsen, Wagen und Sarg in den Tiefen der Erde. Nur ein gewaltiges Loch erinnerte noch lange Zeit an dieses unheimliche Ereignis. Fromme Leute verrichteten dann jahrelang an dieser Stelle Gebete und gottesdienstliche Handlungen für die arme Seele des Verstorbenen.

(Quelle: „Oststeirische Sagen und Schwänke",
Franz Hausmann, Leykam Graz, 1931)

Vom heiligen Waldhauser

Der Ursprung Wenigzells geht auf das Jahr 1141 zurück: Damals kam Graf Wolfrad von Treffen nach einem Tauschhandel mit dem Erzbischof von Salzburg in den Besitz von hundert Huben. Zur Kolonisierung zog er Siedler aus seiner schwäbischen Heimat heran. Von diesen ursprünglichen Siedlern blieb jedoch nichts erhalten. Um 1220 wurde Wenigzell eine eigene Pfarre, es wurde eine Kirche errichtet und der Ort gestaltete sich zu einem beliebten Wallfahrtsort zum heiligen Patrizius.

Von einem weiteren Heiligen berichtet folgende Sage: Zwischen Wenigzell, Strallegg und Miesenbach erhebt sich der Presenberg mit der 1.256 Meter hohen Wildwiesen. Oben steht eine kleine Kapelle, die von Wallfahrern gern besucht wird. Es wird behauptet, dass hier der heilige Waldhauser begraben liege, der nicht nur ein großer Sünder, sondern auch ein Mörder war. Er wird dennoch von der Landbevölkerung als Wetter- und Viehschutzheiliger verehrt, ist aber auch ein zuverlässiger Ehestifter, der schon manchem bedrängten Mädchenherzen zum Zukünftigen verholfen haben soll. Waldhauser war der Sage nach zuerst ein recht großer Sünder, der im Laufe von mehreren Jahren viele Menschen getötet hatte. Jedes Mal, wenn er jemanden umgebracht hatte, schnitt er in seinen Wanderstab eine Kerbe ein. Als der Stab schließlich mit solchen Einschnitten übervoll war, packte den Mann tiefe Reue über seine Untaten. Er beschloss nun, zum Papst nach Rom zu wandern, um von ihm Verzeihung für seine vielen Sünden zu erlangen. Dort angekommen, zeigte er dem Heiligen Vater seinen Wanderstab und berichtete in Tränen, welche Bedeutung die vielen Kerben hatten. Der Papst entsetzte sich über die Fülle der Untaten und sprach: „So wenig dieser Stab jemals blühen wird, so wenig kannst du die Seligkeit erlangen!" Als der reuige Sünder diese Worte vernommen hatte, floh er voll Verzweiflung aus der Ewigen Stadt hinaus und wanderte ruhelos über Berg und Tal hinweg, bis er auf die Wildwiesen kam, wo er seine letzte Ruhestätte gefunden haben soll. Der Papst setzte den zurückgelassenen Stab in seinen Garten ein und, siehe da, wenige Tage danach trug er wunderschön blühende Rosen. Der Heilige Vater sah dies als göttliches Zeichen und schickte nun eilends nach allen Richtungen Boten aus, die

Die Waldkapelle auf der Wildwiese bei Birkfeld.

Waldhauser suchen und nach Rom zurückbringen sollten; alle aber kehrten ohne Erfolg zurück. Der Waldhauser starb im Glauben, keine Vergebung gefunden zu haben und wurde auf der Wildwiese begraben. Er gilt heute noch als Patron und es wurde ihm die Wildwieser Kapelle Zum gegeißelten Heiland erbaut, wo zuvor ein 1683 errichtetes Wetterkreuz gestanden war. Um dieses Kreuz zeigte sich ein Kreis, als ob ihn die Leute mit den Knien geformt hätten. Es wurde jedoch auch von anderen Vorkommnissen um das Wetterkreuz berichtet und zwar, dass der Platz gerne von tanzenden Hexen heimgesucht wurde.

(Quelle: Auszug aus „Steirische Heimathefte", Franz Brauner, Heft 11, Leykam Graz 1953)

Der Schlossherr von Hertenfels

Auf dem Hauswiesenberg bei Waldbach stand einst die stolze Burg Hertenfels, heute sind von ihr nur mehr kärgliche Überreste sichtbar. Die Burg führte den Namen nach dem Geschlechte der Hertenfelser; später war sie im Besitz der Herren von Krumbach, die dem Stift Vorau viel zu schaffen machten. Geschichtlich erwiesen ist, dass das Schloss um 1500 bei einem Bauernsturm zerstört wurde. An dieses Ereignis knüpft sich folgende Sage:

Einmal saß auf dem Schloss ein reicher Graf, der sehr grausam und hartherzig und geizig gegen seine Untertanen war. Trotz seines ungeheuren Vermögens beutete er seine Leibeigenen wucherisch aus und bedrückte sie arg. Lange ließen die Armen sich's gefallen und leisteten willig den übermäßig hohen Zehent und die Steuer in Lebensmitteln. Dies genügte aber dem Grafen nicht, er verlangte in seiner Bosheit immer mehr und unsinnigere Abgaben. Als ihm schließlich eines Tages in seinem Wahnsinn einfiel, von seinen Bauern zu fordern, sie sollten ihm in Kürze so viele Eier bringen, dass er damit sein größtes Feld düngen könne, um es in einen Weinberg zu verwandeln, da riss ihnen die Geduld. Sie rotteten sich zusammen und beschlossen, den Gutsherrn im Schloss zu überfallen. Aber er war vor der drohenden Strafe gewarnt worden und, um sein Leben bangend, entfloh er, sodass den Bauern nur das „Schloss ohne Vogel", wie sie sagten, in die Hände fiel. Doch ein paar listige Bauern eilten dem fliehenden Grafen nach und ereilten ihn beim sogenannten „Roststoan" (Raststein), wo sie ihn voller Wut erschlugen.

(Quelle: „Oststeirische Sagen und Schwänke", Franz Hausmann, Leykam Graz, 1931)

Der Galgenriegel bei Waldbach

Das Dorf Waldbach, heute ein beliebter Sommerfrischeort, wird bereits im Jahre 1250 urkundlich als „Walchpach" erwähnt, die dortige Georgskirche jedoch erst 1464. Der Gottesdienst wurde anfänglich von St. Jakob im Walde oder von Vorau aus besorgt. Im Jahre 1701 wurde Waldbach von der Mutterpfarre St. Jakob getrennt und selbstständig.

Der Galgenriegel ist eine historisch belegte Stätte in Waldbach, am Arzberg, die sich nördlich des Ortes unmittelbar hinter den Häusern erhebt und auf dem einst die Stätte des Hochgerichts, ein Galgen, stand. So mancher Untergebener fand hier um geringfügiger Vergehen willen sein schreckliches Ende. Vor ihrer Hinrichtung, so erzählt die Sage, durften die Unglücklichen noch einen Wunsch äußern oder einen Brief an ihre Angehörigen schreiben. Einer jener Verurteilten schleuderte, nachdem er seinen Brief geschrieben hatte, das Tintenfass gegen den Felsen, vor dem sich der

Der Galgenriegel am Arzberg, Sankt Jakob.

Galgen erhob. Heute ist von dem Galgen natürlich nichts mehr zu sehen, der Felsen aber ist zu einem beliebten Ausflugsziel geworden und jene Tintenspuren haben sich bis heute, allen Witterungseinflüssen zum Trotz, erhalten.

Auf den sonnigen Hängen des Galgenriegels sollen ehemals die Weingärten der Herrschaft Hertenfels gelegen sein. Zwischen Waldbach und St. Jakob im Walde stehen die zerstreuten Gehöfte der Ortschaft Arzberg und ein 1.102 Meter hoher Bergrücken hat den gleichen Namen. Im 15. und in der ersten Hälfte des 16. Jahrhunderts gab es im Arzberg und im nahen Rottalberg ergiebige Eisenerz- und Schwefelkiesbergwerke. Etwa zwei Kilometer von Waldbach entfernt, an der Straße gegen Wenigzell, sieht man oberhalb der Hamonsäge einen Steinbruch. Hier soll in grauer Vorzeit, wie der Volksmund behauptet, ein Heidentempel gestanden haben.

(Quelle: Auszug aus „Steirische Heimathefte“,
Franz Brauner, Heft 11, Leykam Graz 1953)

St. Jakob im Walde

St. Jakobs’ Land heißt im Volksmunde „Jacklland“. Es liegt in der Steiermark zwischen dem Mürztal und dem Gebirgszug des Wechsels. Sein Gewässer ist das der klaren und forellenreichen Feistritz mit ihren zahllosen Nebenbächen. Wenn man über den Wechsel oder über den Pfaffen oder vom Mürztal aus die Wasserscheidhöhe überschreitet, ist auf einmal alles anders. Die Berge sind niedriger, die Wälder zerteilter, weil überall von Äckern durchbrochen. Mitten in den Feldern, an den Waldrändern, oft sehr hoch am Berge, liegen einzeln die Höfe, im Tal die frischgrünen Wiesen mit Bächen und Getreidemühlen. Die Luft ist friedsam, kein Pfiff der Lokomotive, kein Fabriksschlot. Die alten Bauernhäuser sind ärmlich gebaut, sodass Küche, Gesindestube, Hühnerstall usw. nur ein einziger Raum sind. Umso stattlicher sind die überall erstehenden Häuser neueren Schlages mit ihren zahlreichen Stuben und vielen Fenstern, aus denen manches hübsche Blondgesicht auf uns herauslugt, denn es ist ein Ereignis, wenn ein Fremder des Weges kommt. Die Gehöfte sind zumeist ausgedehnt, von Holz gebaut, mit Stroh gedeckt und mit einem Bretterzaun eingefriedet. Bei jedem Hof steht im Freien ein großes Kruzifix, häufig freilich mit einem Christus. Auf den ausgedehnten, stets felsenlosen Berghöhen liegen große Wälder: so am Teufelstein, Fischbacherwald, Vorauerwald, Feistritzwald, Rabenwald. Almwirtschaften kommen, außer den wenigen am Wechsel, nicht vor. Im Übrigen ist die Gegend wohl bevölkert und reich an geschlossenen Dörfern und schönen Kirchen. An einem Ausläufer des Wechsels, in 913 Metern Höhe, liegt das Bergdorf St. Jakob im Walde, von welchem das Jakobsland seinen Namen haben soll. Die Bewohner nennen sich selbst nicht Jackler, sie werden nur von den Leuten der Nachbargegenden so geheißen, denn der Name soll nicht viel Feines bedeuten, obwohl er in Ehren alt geworden ist. Sie nennen sich nur nach ihren Pfarrdörfern: die Rattner, die St. Jakober, die Miesenbacher. Fast jedes Dorf hat seine besondere Eigentümlichkeit. Eine Eigentümlichkeit des Jacklers ist seine Liebe zum Flachs, den er in großen Mengen anbaut und bei dessen Brechen im Herbst sich ganze Volksfeste entwickeln. Im Winter beschäftigen sich Männer wie Frauen mit Flachsspinnen, und zwar stets bis tief in die Nacht hinein, wobei sie sich mit Märchenerzählen, Rätselaufgeben und Singen die Zeit vertreiben. Nur an Donnerstagen darf nach dem Nachtmahl nicht gesponnen werden; aus einem zu solcher Stunde gesponnen Flachs webt der Weber Totenhemden.

(Quelle: Auszug aus Peter Rosegger, „Ausgewählte Schriften“, „Spaziergänge in der Heimat“, Hartleben, 1894)

Der Silberbau von Ratten

Ein stubenbergischer Amtmann, der edle Herr von Pircher, der im 15. Jahrhundert lebte, hatte einen einzigen Sohn. Der verließ schon als junger Mensch die Heimat und durchwanderte die weite Welt. Er probierte und lernte in der Fremde alles Mögliche, arbeitete viel in Bergwerken, sodass er sich auf diesem Gebiete großes Wissen, reiche Kenntnisse und Erfahrungen erwarb. Nach achtzehnjähriger Abwesenheit kehrte er wieder in seine Heimat zurück, um nun hier das Gelernte zu verwerten. Seine Eltern hatten sich inzwischen selbständig gemacht und das Gut Ratten erworben, doch fand er sie bei seiner Heimkehr nicht mehr am Leben. Er übernahm das väterliche Gut, durchstreifte und durchwanderte Berg und Tal der Umgebung, um nach edlen Erzen zu suchen, denn er war von dem festen Glauben erfüllt, dass es hier solche geben müsse. Dabei kam er einmal auf den sogenannten Rattenberg. Dort beobachtete er, wie Ratten bei den Spalten, Sprüngen und Rissen des Felsen ein- und ausschlüpften. Der Aufenthalt von Ratten in diesem Gestein kam ihm etwas sonderlich vor, er hielt deshalb genauer Nachschau und prüfte das glänzende Gestein, das er bald als silberhaltig erkannte. Erfreut über diesen Erfolg setzte er seine Nachforschungen in erhöhtem Maße fort und bald konnte er auch bei einem anderen Berg in der Umgebung, beim Weißenberg, Silbererze feststellen. Er sandte die gesammelten Erzproben nach Reiffenstein und die Untersuchung zeigte ein sehr befriedigendes Ergebnis: es wurde ihm mitgeteilt, „dass der Zentner Rattenberger Erz 15 Mark, der vom Weißenberg 9 Mark Silber enthalte“. Seine reiche bergmännische Erfahrung sagte ihm sofort, dass sich da ein Abbau sicher rentiere und so wurde mit dem Silberbergbau in Ratten begonnen. Den reichen Bergsegen, der ihm nun zuteilwurde, verdankte er aber in erster Linie den Ratten. Diese waren

Argentum
47
Ag
925
2017

nämlich verzauberte Berggeister, die er von ihrem Banne erlöste und dadurch so zu Dank verpflichtete, dass sie ihn durch sieben Jahre wertvoll unterstützen und seinen Reichtum immer weiter zu vergrößern halfen. Als er 1539 starb, hinterließ er keine Erben und so fiel sein ganzer Besitz, die beiden Bergwerke und sein großes Vermögen, dem Staate zu, der nun den Bergbau mit fremden Bergleuten weiter betreiben wollte. Diesem neuen Herrn aber waren die Berggeister nicht mehr hold gesinnt, die Ertragsfähigkeit ließ sichtlich nach und bald lohnte sich die Arbeit gar nicht mehr, sodass man schließlich den Silberbergbau ganz einstellte.

(Quelle: „Oststeirische Sagen und Schwänke“,
Franz Hausmann, Leykam Graz, 1931)

St. Kathrein am Hauenstein

Als am 14. Juli 1904 die von Rosegger besonders geliebte Pfarrkirche von St. Kathrein am Hauenstein zur Hälfte einem Brande zum Opfer fiel, leitete er mit Eifer eine Spendenaktion ein. Rosegger warb im „Heimgarten“ und in zahlreichen Briefen um Beiträge für den Wiederaufbau der Kirche. Es trafen zwar beachtliche Beiträge von Privatpersonen ein, jedoch den größten Teil übernahmen kirchliche Behörden. Die Kirche wurde am 16. September 1906 neu eingeweiht und, als die Kirchenglocken zum ersten Mal wieder läuteten, meinte Rosegger: „An diesem Tage ist es mir erst recht klar geworden, die Glocke ist die Seele der Gemeinde. Die Glocke hat eine soziale Bedeutung. Weit über den Bau der Kirche klingt sie hinaus in die Welt zu allen. Sie spricht Menschliches und Göttliches zu den Weltkindern der Städte, die nie eine Kirche besuchen, sowie zu den Landleuten, die in Feld und Wald in den einsamen Höfen sind.“ Die Beziehung Peter Roseggers zu St. Kathrein kommt in seinen Werken in vielfältiger Weise zum Ausdruck.

(Quelle: Auszug aus „Steirische Heimathefte“, Franz Brauner,
Heft 11, Leykam Graz 1953)

Die heilige Katharina von Hauenstein

Die Türken kamen aus dem Niederösterreichischen in das Mürztal. Ein großer Ansturm drang auf der Straße, welche von Krieglach südlich nach Kathrein und dann weiter südlich in das steirische Mittelland führt, vor bis auf die Rattenalpe an der Grenze zwischen Ober- und Mittelsteier. Hier hatten die Bewohner zu Schutz und Trutz einen Steinwall aufgeführt, der noch jetzt den Namen „Türkenschanze“ trägt. Als die Türken bis zu diesem Steinwalle gelangt waren, konnten sie nicht

◂ *Eine Ortsansicht von St. Kathrein am Hauenstein.*

Ein Denkmal Peter Roseggers in St. Kathrein am Hauenstein.

mehr weiter; sie sahen vor sich ein großes Meer, das ihnen jedes weitere Vordringen verwehrte. Gegenüber aber stand die heilige Katharina, zu welcher, als ihrer Pfarrpatronin, die Bewohner ihre Fürbitten gesprochen, mit dem blitzenden Schwerte und schlug die Feinde mit Blindheit, sodass sie anstatt der Gegend das große Meer sahen. Als die Türken abgezogen waren, nahm die heilige Katharina wieder auf dem Altare der Kirche ihren Platz ein, der inzwischen, so lang als die Türkengefahr gewährt hatte, leer geblieben war. Noch zeigt man gleich oberhalb des Hochenhofes die Stätte, wo die heilige Kämpferin gestanden und die große Feindesgefahr abgewehrt hatte. Es liegt da ein großer Stein, in welchem zwei Fußtritte eingeprägt erscheinen. Es sollen dies die Fußspuren der heiligen Katharina sein. Diese Vertiefungen enthalten, ohne irgendeinen Zufluss zu haben, stets, selbst in der trockenen Sommerszeit, Wasser, das nach dem Volksglauben von besonderer heilkräftiger Wirkung sein soll.

(Quelle: Johann Krainz, „Mythen und Sagen aus dem steirischen Hochlande", Bruck an der Mur, 1880)

Rosegger und sein Lebensweg

Bis zu seinem 17. Lebensjahr blieb der Waldbauernbub im Vaterhaus und die ersten, keineswegs regelmäßigen, Unterrichtstunden im Schreiben und Lesen erhielt er ab dem Jahre 1849 durch Michel Pratterer aus St. Kathrein, der gegen Unterkunft, Kost und Tabaksgeld die Kinder in den Alpler Bauernhöfen unterrichtete. Das Leben war sehr hart auf dem Bauernhof, die Verhältnisse sehr ärmlich und der junge Peter viel zu schwach für den Beruf eines Bauern. So widmete er sich ganz seiner Leidenschaft, dem Lesen und Schreiben, diese half ihm auch, über die schweren Schicksalsschläge und das karge Leben hinwegzukommen. Ignaz Orthofer, ein Wanderschneider aus St. Kathrein am Hauenstein, wurde im Jahre 1860 sein Lehrmeister und mit ihm absolvierte er seine Lehr- und Wanderjahre. Nicht weniger als 67 unterschiedliche Bauernhöfe besuchte er in dieser Zeit, lernte das Land und die Leute

Das Rauchstubenhaus Schirner in Birkfeld war ein beliebter Drehort für Roseggerfilme.

kennen und fand immer mehr Gefallen am Schreiben von eigenen Geschichten, die er „Meine Gedanken" nannte und teilweise mit kolorierten Zeichnungen versah.

Seine ersten Texte schickte er vier Jahre später an die Grazer Tagespost. Der dortige Redakteur Dr. Adalbert Swoboda erkannte sofort die Begabung des Waldbauernbuben und veröffentlichte diese gemeinsam mit einem Spendenaufruf zu Gunsten des jungen Talentes. In Laibach versuchte er sich als Buchhändlerlehrling. Im Jahre 1865 wurde er durch seinen Förderer Peter von Reininghaus als Gastschüler in der Grazer Handelsakademie aufgenommen, um seine bislang weitgehend versäumte Bildung aufzuholen. Im Jahre 1867 unternahm er seine erste Ferienwanderung nach Linz, um den Dichter Adalbert Stifter aufzusuchen. Ein Jahr später traf ihn ein schwerer Schicksalsschlag, da seine Eltern aufgrund der misslichen Lage am Alpl den hochverschuldeten Heimathof verkaufen mussten. Peter Rosegger beschäftigte sich immer mehr mit den Themen der einfachen Menschen und ihren Sorgen, aber auch mit seinen Kindheitserinnerungen am Alpl. Sein Schaffensfleiß brachte ihm die Bezeichnungen „Naturdichter" und „Heimatdichter" ein. Im Jahre 1869 entschied er sich, die Handelsakademie zu verlassen und nur mehr als freier Schriftsteller in Graz zu leben. Der Dichter Robert Hammerling unterstützte ihn dabei und im Verlag Pock erschien sein erstes Buch „Zither und Hackbrett", eine Sammlung von Mundartgedichten. Darauf folgte „Tannenharz und Fichtennadeln" in Mundartprosa und im Jahre 1870 publizierte er die „Sittenbilder", welche erst später zu „Das Volksleben in Steiermark" ausgebaut wurden. Der nächste Schicksalsschlag ereilte ihn, als am 16. Jänner 1872 seine Mutter verstarb und am 21. Juli darauf kam es am Alpl zum ersten Zusammentreffen mit seiner angehenden Frau, Anna Pichler. Sie war die Tochter eines Grazer Hutfabrikanten, um deren Hand er bereits wenige Monate später anhielt. Am 13. Mai 1873 ehelichte er sie in der Kirche Mariagrün bei Graz. Sein nächstes Werk erschien 1874: „Die Schriften des Waldschulmeisters" und sein erster Sohn wurde ebenfalls in diesem Jahr geboren. Kurz nach der Geburt seiner Tochter Anna verstarb seine Frau plötzlich am 16. März 1875 und er flüchtete nach diesem weiteren Schicksalsschlag noch mehr in die Arbeit. Im Oktober 1876 begann er mit der Herausgabe der Zeitschrift „Der Heimgarten". Rosegger schuf sich mit einer für die damalige Zeit recht passablen Anzahl von über 3.000 Abonnenten ein Sprachrohr seiner volkserzieherischen Bestrebungen. Zahlreiche prominente Mitarbeiter der Zeitschrift, wie Ludwig Anzengruber, Wilhelm Busch, Marie Ebner-Eschenbach, Karl May und Bertha von Suttner sowie Leo Tolstoi konnte er dafür gewinnen und zeigte sich erstmals von einer völlig unbekannten Seite: jener als engagierter und zeitkritischer Journalist; wobei er sich nicht scheute, mit Themen aufzurütteln und mit Reportagen zukunftsweisend zu agieren. Sein Sommerhaus in Krieglach ließ er im Jahr 1877 erbauen. Im selben Jahr zog er ein und ehelichte im Jahre 1879 seine zweite Gattin, Anna Knaur, nachdem zwei Bände der Jugenderinnerungen „Waldheimat" erschienen waren. Im Oktober 1879 bezog der Dichter samt Familie die Grazer Wohnung in der Elisabethstraße 16 B, ein Jahr später zogen sie in den 3. Stock des Hauses Burggasse 12, heute 16. Hier lebte der Dichter 34 Jahre lang bis knapp vor seinem Tod. Trotz starker Asthma-Anfälle reiste er erstmals nach Deutschland, was ihm Erfolg und Popularität brachte. Sein zweiter Sohn, der spätere Schriftsteller Hans Ludwig Rosegger und Redakteur des „Heimgartens", erblickte 1880 das Licht der Welt. „Jakob der Letzte" erschien im Jahre 1888 und zwei Jahre später wurde seine zweite Tochter geboren, das Jahr, in dem in Graz sein einziges Schauspiel, „Am Tage des Gerichts", uraufgeführt wurde. Nach langer Krankheit feierte Rosegger im Jahre 1893 seinen 50. Geburtstag, zu welchem ihm zahlreiche Huldigungen zuteilwurden. Im selben Jahr wechselte er seinen Verleger. Der Leipziger Verlag Staackmann publizierte von nun an seine Werke. Sein Vater starb 1896 im Alter von 82 Jahren und mit „Das ewige Licht" versuchte Rosegger ein Jahr darauf, soziale Zeitprobleme erzählerisch zu gestalten. Ein weiterer Roman, „Erdsegen", behandelte die Rückkehr zur Natur und im Buch „Mein Himmelreich" fasste er seine religiösen Bekenntnisse aus dem „Heimgarten" zusammen. Die evangelische Heilandskirche in Mürzzuschlag wurde aufgrund seiner über die Grenzen Österreichs hinausreichenden Spendensammlung im Jahre 1900 errichtet. Zwei Jahre später ließ er zur Bildung der Bauernkinder am Alpl die Waldschule erbauen. Zum 60. Geburtstag erschien mit „Weltgift" ein Feldzug gegen den großstädtischen Kulturverfall. Die abgebrannte Kirche in St. Kathrein am Hauenstein ließ Rosegger zeitgleich mit der Einführung der Rubrik „Heimgärtners Tagebuch" im Jahre 1904 neu aufbauen. Seine immer schwerer werdende Krankheit hinderte ihn nicht daran, weiter tätig zu sein. So erschien im Jahre 1906 das Buch „I.N.R.I." nach der Konfiskation eines Jesus-Artikels im „Heimgarten", den er 1910 gänzlich an seinen Sohn Hans Ludwig übergab. Zur Erhaltung und Errichtung deutscher Schulen an den Sprachgrenzen Österreichs rief er zu einer Zwei-Millionen-Sammlung auf.

Seinen 70. Geburtstag feierte er im Jahre 1913 mit einer Fülle von Ehrungen, Orden und Ehrenbürgerrechten. Der Literaturnobelpreis blieb Rosegger jedoch, trotz Nominierung im Jahr 1913, aufgrund unterschiedlicher Ansichten zu seiner politischen Weltanschauung verwehrt. Tschechen vereitelten die Verleihung an den 70-jährigen Dichter wegen seiner Förderung der deutschen Schulen an den Sprachgrenzen Österreichs im Jahre 1909. Rosegger konnte sich jedoch mit über 15 Millionen verkauften Büchern in zwanzig Sprachen und 43 Bänden neben Jules Verne als meistgelesener Autor seiner Zeit bezeichnen. Kaiser Karl verlieh ihm 1918 das Großkreuz des Franz-Joseph-Ordens, welches zuvor Franz Grillparzer als einziger Dichter für sich beanspruchen konnte.

Tief bedrückt über die vom Krieg auf grausame Art und Weise veränderte Welt, starb Peter Rosegger im Alter von 75 Jahren am 26. Juni 1918. „Wie das Leben mir beschieden, es war gut, ich bin's zufrieden. Könnt' ich eines noch erwerben, nur daheim, daheim zu sterben", war sein letzter Wunsch. Seinem Wunsch entsprechend wurde er vor dem Ableben in sein Krieglacher Wohnhaus gebracht und anschließend in einem einfachen Grab auf dem Ortsfriedhof in Krieglach begraben.

(Quelle: Auszüge aus diversen Rosegger Biografien und Charlotte Anderle „Der andere Rosegger", Österreichischer Agrarverlag 1994)

Das Kind in seiner jungen Zeit

Das Grünen ist ein Aufersteh'n,
das Reifen ist ein Sinken.
D'rum lass' das Kind zu seiner Zeit
die reinen Freuden trinken.

Das Kind in seiner jungen Zeit
ist Brennpunkt aller Sonnen,
des Daseins hold bekränztes Ziel,
des heiligen Glückes Bronnen.

Wächst es heran, ist nichts mehr sein,
muss um die Wette laufen;
mit jedem Tag und jeder Plag
muss es sich neu erkaufen.

Der erste Drang der Lieb' ist schon
des Todes erstes Fordern,
ein Korn, das junge Keime treibt,
fängt selbst schon an zu modern.

Das Grünen ist ein Aufersteh'n,
das Reifen ist ein Sinken.
D'rum lass' das Kind zu seiner Zeit
die reinen Freuden trinken.

(Quelle: Peter Rosegger, aus der „Sammlung der Heimat", Leipzig 1914)

Mein Vaterhaus

Mein Vaterhaus ist alt und arm,
mein Vaterhaus ist klein,
und schließt doch meine ganze Welt
und meinen Himmel ein.

Mir brennt ins Herz die Zähre, die
vom Mutterauge rinnt,
denn fort von heim, weit in die Welt
zieht hin ihr liebstes Kind.

Der Platz ist leer am kleinen Tisch,
der Sohn ist in der Fern,
ihr Tischgebet gilt sein, und sie
empfiehlt ihn Gott dem Herrn.

Das Innere des Rauchstubenhauses.

Dort draußen, wo die Sünde lockt,
und viel Gefahren droh'n!
Sie kann nichts tun, als weinen still
und beten für den Sohn.

O nein, ich will mich nicht der Welt
und ihren Lüsten weih'n;
das Vaterhaus, das Mutterherz
schließt meinen Himmel ein.

(Quelle: Peter Rosegger, aus der „Sammlung der Heimat", Leipzig 1914)

Meine Lust ist Leben

Leben ist Lust. Das sagt sich leicht und reimt sich leicht in den glücklichen Stunden, die für jeden einmal kommen, in den verliebten und verklärten, betrunkenen und besinnlichen, durchtanzten und durchträumten Stunden. Aber die Lust solcher Stunden soll uns nicht vergessen lassen, dass es die größte Lust ist, schauen und schmecken und tasten und riechen und hören zu können."

Gute Nacht, ihr Freunde
ach, wie lebt ich gern!
Dass die Welt so schön ist,
dankt ich Gott dem Herrn.
Dass die Welt so schön ist,
tut mir bitter weh,
wenn ich schlafen geh'.

Ach, wie möcht' ich einmal
noch von Bergeshöhn
meine süße Heimat
sonnbeleuchtet seh'n.
Und den Herrn umarmen.
in des Himmels Näh,
eh ich schlafen geh'.

Wie man abends Kinder
ernst zu Bette ruft,
führt der Herr mich schweigend
in die dunkle Gruft.
Meine Lust ist Leben,
doch sein Will gescheh',
dass ich schlafen geh'!

(Quelle: Peter Rosegger, aus der „Sammlung der Heimat", Leipzig 1914)

Fremd gemacht!

Denen, welche so liebevoll waren, diese Erzählungen aus meinem Lebenslaufe zu verfolgen, muss ich noch in Erinnerung bringen, dass – als ich aus der Waldheimat in die Welt ging – mich mein Lehrmeister mit einigem Missmute entlassen hatte.

Er hielt mich nicht auf, aber da er mich in sein Handwerk eingeweiht und mir selbst das Geheimnis anvertraut hatte, wie man Maß nehme, ohne dass ein anderer nach diesem Maß arbeiten könne, so musste er sich wohl ein immerwährendes Anrecht auf den Schneider in mir erworben haben.

Ich erinnere mich an eine Geschichte, welche mein Vater oft erzählt und die sich zu Zeiten seines Großvaters zugetragen hatte. Dieser Großvater hatte einen Nachbar, welcher einmal in einer Nacht den Grenzstein versetzte, sodass dadurch der Großvater um einige Klafter Wiesengrund benachteiligt wurde. Der Nachbar starb, ohne sein Unrecht gut gemacht zu haben, und was geschah? Jede und jede Nacht musste er aus seinem Grabe steigen und den Grenzstein auf seinen ursprünglichen Platz zurücktragen. Der Großvater meines Vaters selbst hatte den Geist des Nachbarn mehrmals gesehen, wie dieser an der Grenzscheide hin und her ging, bis der Großvater den Grenzstein amtlich richtigstellen ließ und zum Zeichen seiner Verzeihung für den Nachbarn eine Messe opferte. Von dieser Zeit an war der Geist nicht mehr zu sehen, er war erlöst, er konnte ruhen.

Nicht viel besser als diesem Nachbarn ist es auch mir ergangen. Ich war denn fortgezogen von meinem Meister und seinem Handwerk. Ich habe in der Welt gelebt und gestrebt – und habe doch noch bei ihm sitzen und nähen müssen. Viele Jahre sind vorbei, seit ich von meinem Lehrmeister gegangen bin; viele Jahre ist es, seit ich jeden Tag an der geistigen Ausbildung und Vollendung meines Wesens arbeite, Hunderte und Hunderte von Büchern lese und selbst welche schreibe; und seit vielen Jahren war es, dass ich gar manche Nacht neben meinem Lehrmeister in irgendeinem Bauernhause saß und schneiderte.

Ich erzähle Träume und sage Wahrheit. Ich erfreue mich sonst eines gesunden Schlummers, aber ich habe die Ruhe von so mancher Nacht eingebüßt, ich habe neben meinem bescheidenen Studenten- und Literatendasein den Schatten meines Schneiderlebens durch die langen Jahre geschleppt, wie ein Gespenst, ohne seiner los werden zu können.

Es ist nicht wahr, dass ich mich tagsüber in Gedanken so häufig und lebhaft mit meiner Vergangenheit beschäftigt hätte. Ein der Haut eines Handwerkers entsprungener Welt- und Himmelsstürmer hat anderes zu tun. Aber auch an seine nächtlichen Träume wird der flottgewordene Bursche kaum gedacht haben; erst später, als ich gewohnt war, über alles nachzudenken, oder auch, als sich der Philister in mir zu

Peter Roseggers Lehrmeister Ignaz Orthofer mit Franz Joseph Böhm.

regen begann, fiel es mir auf, wieso ich denn – wenn ich überhaupt träumte – allemal der Schneidergesell' sei, und dass ich solchergestalt schon so lange Zeit bei meinem Lehrmeister unentgeltlich in der Werkstatt arbeite. Ich war mir, wenn ich so neben ihm saß und nähte und bügelte, recht wohl bewusst, dass ich eigentlich nicht mehr dorthin gehörte, dass ich mich jetzt mit ganz anderen Dingen zu befassen hätte; doch hatte ich stets Ferien, war stets auf der Sommerfrische, und so saß ich zur Aushilfe beim Lehrmeister. Es war mir oft gar unbehaglich, ich bedauerte den Verlust der Zeit, in welcher ich mich besser und nützlicher zu beschäftigen gewusst hätte. Vom Lehrmeister musste ich mir mitunter, wenn etwas nicht ganz nach Maß und Schnitt ausfallen wollte, eine Rüge gefallen lassen; von einem Wochenlohn jedoch war gar niemals die Rede; oft, wenn ich mit gekrümmtem Rücken in der dunkeln Werkstatt so dasaß, nahm ich mir vor, die Arbeit zu kündigen und mich fremd zu machen. Einmal tat ich's sogar, jedoch der Meister nahm keine Notiz davon, und nächstens saß ich doch wieder bei ihm und nähte.

Wie mich nach solch langweiligen Stunden das Erwachen beglückte! Und da nahm ich mir vor, wenn dieser zudringliche Traum sich wieder einmal einstellen sollte, ihn mit Gewalt von mir zu werfen und laut auszurufen: es ist nur Gaukelspiel, ich liege im Bett und will schlafen! – Und in der nächsten Nacht saß ich doch wieder in der Schneiderwerkstatt.

So ging es jahrelang in unheimlicher Regelmäßigkeit fort. Da war es einmal, als wir, der Meister und ich, beim Alphofer arbeiteten, bei jenem Bauer, wo ich in die Lehre getreten war, dass sich mein Meister besonders unzufrieden mit meinen Arbeiten zeigte. „Möcht' nur wissen, wo du deine Gedanken hast!“, sagte er und sah mich finster an. Ich dachte, das Vernünftigste wäre, wenn ich jetzt aufstünde, dem Meister bedeutete, dass ich nur aus Gefälligkeit bei ihm sei, und wenn ich dann davonginge. Aber ich tat es nicht. Ich ließ es mir gefallen, als der Meister einen Lehrling aufnahm und mir befahl, demselben auf der Bank Platz zu machen. Ich rückte in den Winkel und nähte. An demselben Tage wurde auch noch ein Geselle aufgenommen – bigott, es war der Böhm', welcher vor vielen Jahren bei uns gearbeitet hatte und damals auf dem Wege vom Wirtshause in den Bach gefallen war. Als er sich setzen wollte, war kein Platz da. Ich blickte den Meister fragend an, und dieser sagte zu mir: „Du hast ja doch keinen Schick zur Schneiderei, du kannst gehen, du bist fremd gemacht.“ – So übermächtig war hierüber mein Schreck, dass ich erwachte.

Das Morgengrauen schimmerte zu den klaren Fenstern herein in mein trautes Heim. Gegenstände der Kunst umgaben mich; im stilvollen Bücherschranke harrte meiner der ewige Homer, der gigantische Dante, der unvergleichliche Shakespeare, der glorreiche Goethe – die Herrlichen, die Unsterblichen alle. Vom Nebenzimmer her klangen die hellen Stimmchen der erwachenden und mit ihrer Mutter schäkernden Kinder. Mir war zumute, als hätte ich dieses süße, dieses friedensmilde und poesiereiche, helldurchgeistigte Leben, in welchem ich das Glück der Beschaulichkeit so oft und tief empfand, von neuem wiedergefunden. Und doch wurmte es mich, dass ich mit der Kündigung meinem Meister nicht zuvorgekommen, sondern von ihm abgedankt worden war.

Und wie merkwürdig ist mir das: seit jener Nacht, da mich der Meister „fremd gemacht“ hatte, genieße ich Ruhe, träume nicht mehr von meiner in ferner Vergangenheit liegenden Schneiderzeit, die in ihrer Anspruchslosigkeit ja so kindlich froh gewesen und die doch einen so langen Schatten in meine späteren Lebensjahre hineingeworfen hat.

(Quelle: Peter Rosegger: „Waldheimat“ Band 3: Der Schneiderlehrling, Gesammelte Werke, Band 16, Leipzig 1914)

Waldheimat

In der nördlichen Oststeiermark liegt die Region Joglland-Waldheimat. Sie ist Peter Roseggers dichterische Sammelbezeichnung für seine Kindheitserinnerungen und heute noch immer ein allgemein bekannter geographischer Begriff. Genauso bekannt wie sein Name in literarischer Hinsicht. Bereits im Jahre 1907 findet sich in Roseggers „Heimgärtners Tagebuch" die Eintragung: „Freytags neue steirische Touristenkarte benennt die Gegend von Krieglach/Alpel und St. Kathrein am Hauenstein offiziell ‚Waldheimat'. Da sieht man wieder, wie aus geringen Anlässen Gegenden- und Ortsnamen entstehen, deren Ursprung später oft zu deuten ist."

Die Waldheimat mit ihrem über 110 Kilometer langen und knapp 4.000 Höhenmeter überwindenden Jogllandwanderweg, der an die schönsten Kultstätten der Region sowie über die schönsten Gipfel, quer durch die Heimat Peter Roseggers führt, wird gerne als Alpengarten der Oststeiermark bezeichnet.

Der Begriff Joglland stammt nach einer mündlichen Überlieferung aus der Zeit Maria Theresias. Einst zog Kaiserin Maria Theresia durch die Oststeiermark und befragte einheimische Bauern nach ihrem Namen. „I bin da Jogl", sagten diese, oder: „Jo, wia sullt i denn sist hoaßn, als Jogl?"

Etliche Männer waren zu dieser Zeit nach dem Schutzpatron der Pilger benannt: Dem heiligen Jakobus. Daraufhin soll sie lachend gerufen haben: „Diese herrliche Landschaft ist das reinste Joglland!" Neben den Gipfeln des Wechselmassivs zählen der Masenberg und der Rabenwaldkogel zu den höchsten Erhebungen dieses wald- und wiesenreichen Gebietes. Das Alpl ist ein Pass in den Fischbacher Alpen und zählt mit Krieglach zum Zentrum von Roseggers Waldheimat. Peter Roseggers Geburtshaus, der Kluppeneggerhof am Alpl, liegt auf 1.150 Metern Seehöhe. Im Jahre 1868 wurde der Hof aus finanziellen Gründen verkauft. Peter Rosegger überwand diesen Verlust nie ganz, an seinen guten Freund Toni Schruf schrieb er: „Ich habe keine Heimat mehr … Ich bin vielleicht nicht mehr angewiesen auf das einsame Haus am Alpl, es war doch nur eine arme Hütte; mir aber … war sie mehr als ein goldener Palast."

Die Anfänge der Geschichte der Waldheimat liegen im Dunkeln. Weder Fundstücke noch Gräberstätten geben Aufschluss über die Ureinwohner. Jedoch gilt als sicher, dass die Region lange von Kelten besiedelt war und dass später die Ausläufer des römischen Imperiums bis dahin reichten. Peter Rosegger, der viel vom reichen

WALD
5 CENT 0
BAUERN
CENT 50
bub
1€
LITERATUR
Waldheimat
LITERATUR

Sagengut seiner Heimat im Rahmen von Geschichten und Legenden sowie volkskundlichen Darstellungen festgehalten hat, schreibt sehr viel darüber in seinem Band „Wanderung durch Steiermark“. Es wird von „schwerer Not und Drangsal“, wie „Feuerbrünste und Heuschreckenplagen“, aber auch von „Türkeneinfällen“ berichtet. Für seine Novelle „Der Höllbart“ entlieh er den Stoff einer der vielen Türkensagen des Mürztales, in welcher berichtet wird, dass die Türken die Einwohner von Krieglach und Umgebung in die Kirche nach Krieglach verschleppten, um sie mitsamt der Kirche zu verbrennen. Da seien aber aus den Waldgegenden des Teufelsteins wilde Männer hervorgebrochen, hätten die Türken erschlagen und die Gefangenen befreit.

Zu Roseggers Zeit war noch die Schreibung „Alpel“ üblich und, was er über seine Vorfahren wusste, hatte er von seinem Vater gehört, der in seinen alten Tagen sehr gerne über Vergangenes erzählt hatte.

Die Roseggerforschung hat Roseggers Vorfahren, die allesamt einerseits auf dem Kluppeneggerhof oder auf dem benachbarten Riegelbauerngut beheimatet waren, bis zu einem Ägid Roßegger um 1542 zurückverfolgt. Die Schreibung des Familiennamens wurde vom jungen Dichter selbst aus optischen Gründen abgeändert. Die genügsamen Bauern in der Waldheimat hatten lange Zeit guten Mutes dahingelebt, trotz der Abhängigkeit von den mächtigen Grundherren. Erst nach dem Jahr 1848, mit der Unabhängigkeit, den Reformen und Neuerungen brachen für die Bergbauern schwere Zeiten an. Das Geld wurde allerorts die Grundlage der Wirtschaft. Für die von der Hand in den Mund lebenden Waldheimatbauern wuchsen die Schulden schneller als die Saat auf dem kargen Ackerboden. Roseggers Roman „Jakob der Letzte“ schildert das dramatische Bauernsterben am Alpl. Sehr viele verloren ihren Hof und somit ihre Lebensgrundlage. In späteren Jahren, als nach dem Verfall seines Geburtshauses am Alpl die Wirklichkeit mit den Erinnerungen seiner Kindheit nicht mehr übereinstimmte, erfüllten ihn die Natur mit ihrer tiefen Stille und der Frieden des Berg- und Waldlandes mit immerwährendem Heimweh.

Ein Morgen in der Waldheimat

Da sind wir nun endlich oben in der Waldheimat! Mühe genug hat es gekostet! Strömender Regen, keine Herberge, alles schien sich unserer Wanderung hinauf entgegen zu stellen. Aber schließlich ist es doch gelungen. Wir fanden in St. Kathrein ein Räumchen zur Nachtruhe und auch die Sonne lachte wieder. Und wie lachte sie! Ist es nicht eine Wonne, hier oben auf der Bank vor dem Heimathaus unseres lieben Rosegger zu sitzen und dem Leuchten und Funkeln der Sonnenstrahlen über dem taufeuchten Grase und den dunklen Bergwäldern zuzuschauen! Und erst dort über den fernen Berggipfeln! Wie heben sie sich im Glanze der Sonne im leichten Dunst, der wie ein spinnwebfeiner Schleier über ihnen webt, vom tiefblauen Himmel ab. Wächter und Hüter über dem kernigen deutschen Bauernstamm, der in den Tälern und an den Berglehnen siedelt. Wir verstehen, dass schon im Herzen des Waldbauernbuben sich ein Ahnen der eigenartigen Schönheit seiner Heimat regte. Im heranwachsenden Jungen erwacht sie zum vollen Bewusstsein. Wie begeistert hat er bereits als Lehrbub des ehrsamen Schneidermeisters Orthofer, als „Schneiderpeterl" den Blick von hier oben geschildert. Da hatten wohlmeinende Leute dem Lorenz Roßegger, dem notbedrängten Vater, geraten, den Hof zu verkaufen, „da zu viele Schulden und zu wenig Gulden keine Aussicht wären!" Darauf entgegnet der Peter, dass sie, im Gegenteil, oben im Kluppenegg die schönste Aussicht der ganzen Gemeinde Alpl hätten, „und jeder, der je vor dem alten Hause stand, wird sein Auge mit Vergnügen geweidet haben an der herrlichen Fernsicht."

Und dann schildert er die Bilder, die auch heute vor uns liegen. „Im Osten nach St. Kathrein und Ratten ist das Bild umrahmt vom Hohen Wechsel und etwas weiter nach Norden die Rattenalpe und die Pretulalpe. Nach Süden ziehen sich die endlosen dunklen Wälder der Fischbacher Alpen mit der Gegend des Teufelsfels."

Im Norden rauscht die Mürz durch das fruchtbare breite Tal, in dem Krieglach und Mürzzuschlag liegen. „Gegen Westen ist die Aussicht wegen der Anhöhe geschlossen. Vierhundert Schritt höher dagegen bietet sich die herrlichste Fernsicht in das Hochgebirge der oberen Steiermark". Das Herz weitet sich bei diesem wonnigen Bilde. Wir verstehen, wie so mancher, der diese Heimat hat verlassen müssen, heimwehkrank dahinsiechte; wie auch der größte Sohn dieser Waldheimat oft überwunden wurde von zehrendem Heimweh und sein Leben lang ein stilles Sehnen nach den Bergen seiner Kindheit im Herzen getragen hat. Wir treten über die Schwelle des Rosegger-Heimathauses. Über einen größeren Vorraum gelangt man durch eine Türe links in die einstiege Wohnstube der Familie. Fünf winzig kleine Fensterlein lassen kaum ein paar Strahlen der Sonne ins Zimmer, die draußen ihren goldenen Reichtum spendet. Genau zwei Spannen im Geviert misst ein jedes der Fenster und sind dabei noch durch kreuzweise Eisenstäbe geteilt. Unter den Fenstern laufen Bänke an den Wänden entlang. Hier und dort ist unter der Bank ein tiefer ausziehbarer Kasten. Darin bargen die einzelnen Familienmitglieder ihre Habseligkeiten und die Knechte ihr Handwerkszeug. Vor den Bänken steht der breite Familientisch. Es ist nicht der gleiche Ahorntisch mit der handdicken Tischplatte, den der Vater Lorenz Roßegger geschreinert, als er sich eine Familie gründen wollte. Jener Tisch hat seinen würdigen Platz in Krieglach im Roseggerhaus gefunden. Aber auch dieser Tisch hier gibt eine Vorstellung davon, wie sich die Roseggers, Groß und Klein, zu den gemeinsamen Mahlzeiten gesammelt; wie der fromme Vater dort in der Ecke gekniet mit Rosenkranz und Gebetbuch und still seine Andacht verrichtet. In der anderen Ecke an der Küchenwand steht eine breite Bettstelle, das einstige

Ehebett. Zwischen Küchen- und Flurtür nimmt ein mächtiger, weiß gestrichener kegelförmiger Ofen, um den auch Bänke laufen, die ganze Ecke ein. Dazu noch eine alte Stehuhr, dem Ofen gegenüber. Das ist so ziemlich die ganze Einrichtung. Gewiss, es hat hier einmal anders ausgesehen, als die sorgsame Hausfrau ihres Amtes waltete und den Dingen des Alltags gleichsam eine Seele einhauchte; als nebenan in der Rauchküche das Feuer auf dem breiten Herde unter dem Dreifuß loderte und der goldene Sterz im Kessel brodelte oder die Krapfen auf der Pfanne sich bräunten; als in der warmen Stube der Brotteig im hölzernen Backtroge gerichtet wurde und der Ofen die schön geformten Brote aufnahm, um sie mit fester Kruste gar gebacken und köstlich duftend wieder zurückzugeben; als aus dem jetzt leeren Uhrgehäuse ein trauliches Ticken an das Fortschreiten der Zeit mahnte; als der Vater mit seinem Handwerkszeug hantierte, um allerhand Schäden am Geräte zu bessern, oder die Ahne an ihrem Ofenplatz das Kleinste wiegte und die Mutter beim traulichen Surren des Spinnrades aus ihrem unerschöpflichen Vorrat die wundersamen Geschichten erzählte. Merkwürdig, wie die Vergangenheit hier in diesen Räumen lebendig wird! Ist's nicht, als redeten sie alle zu einem, die einst den Grund gelegt und hier in treuer, hingebender Arbeit dem Acker an den steilen Lehnen das tägliche Brot abgerungen?

(Quelle: Auszug aus „Leuchtendes Leben“,
Anna Katterfeld, Im Quellverlag Stuttgart, 1949)

Der Waldheimat letzter Tag

Das war am 16. Januar 1872. In der Stadt Graz war der lustige Karneval. An den Abenden ein tolles Gedränge auf den Gassen, ein fast betäubendes Rasseln der Wagen, ein Johlen und Schreien, ein Flimmern und Leuchten aus den Gewölben und Auslagen und von den Laternen und dem Spiegeln der Fenster. Gold und Silber, Seide und Damast funkelten aus den Glaskästen. Gesichtsmasken in allen Farben und Formen grinsten daneben. Ich eilte durch das Gedränge. Die Uhr am Schlossberge tat sechs Schlag, so hell, sie überklangen alles Geräusch, sie widerhallten von den hohen, lichtdurchbrochenen Mauern der Häuser. Ich ging nach Hause in meine Stube und begab mich bald zur Ruhe.

Des anderen Morgens lag das Winterglühen der Sonne auf den schneeigen Dächern, ich schrieb eben das Märchen auf von dem verlorenen Kinde am Ganstein – als es an meiner Tür klopfte. Ein Mann trat herein und brachte mir folgendes Telegramm: „Lieber Sohn, gestern Abend um sechs Uhr ist unsere liebe Mutter verschieden. Komme zu uns, wir erwarten dich in Trübsal. Dein Vater.“ Gestern Abend, als ich durch das Weltleben schritt, war es geschehen in der armen Hütte. Und zur sechsten Stunde. Am anderen Tage in der Morgenfrühe war ich im Pfarrdorfe. Allein

Eine Tafel am Eingang zur Waldschule am Alpl.

trat ich den Weg an, über schneefunkelnde Höhen und durch große Wälder, weit hinein in das Gebirgstal. Unzählige Male war ich den Weg gewandelt, immer hatte ich mich ergötzt an dem Glitzern des Schnees, an den funkelnden Eiszapfen, an den Schneemänteln der Baumäste oder, wenn es Sommerzeit war, an dem Grünen und Blühen und Duften, an dem Vogelsang, an den Tropfen des Lichtes, die niedersickerten zwischen den Ästen, an der Ruhe und tiefen Einsamkeit. Wie oft war ich hier mit der Mutter gegangen, als sie noch gesund und blühend gewesen, und später, als sie durch Krankheit gebeugt an meinem Arm einherwankte. – Und ich dachte auf diesem Waldweg an den Lebenslauf meiner Eltern. Nach Stunden stand ich vor dem kleinen Haus im Engtal, dem „Gasthäusel", in das meine Eltern hatten ziehen müssen und wo die letzte Krankheit meiner Mutter angefangen hatte. Mein Vater sah mich zuerst, er kam mir entgegen. „Musst dich in den Willen Gottes geben", sagte er und führte mich in das Haus. In der Vorlauben, hinter der Bodenstiege, lag sie aufgebahrt, arm und schmucklos.

Ihre Kinder daheim hatten geschlafen in der Sterbenacht. Erst als das Morgenrot durch die Fensterchen leuchtete, ging der Vater zu ihnen in die Kammer und sagte:

„Tut die Augen auf und schaut, über den Wechsel steigt schon die Sonne herauf und unsere liebe Frau tut drin sitzen mit dem Christkind und auf dem Schemel zu ihren Füßen sitzt eure Mutter und tut aus einem Rocken das himmlische Kleid spinnen."

Da wussten sie's gleich, es war die Mutter gestorben.

Dann war noch eine Nacht und dann der letzte Waldheimattag. Zwei Männer stellten den Sarg auf die Trage, huben ihn auf und trugen ihn aus der armen Menschenwohnung im Walde und davon über die Heiden und durch hohe Wälder – ein langer, betender Leichenzug. Und ringsum war die Winternacht und über allem stand der Sternenhimmel.

Und nun lag die Waldhütte da in der Dunkelheit und in der tiefsten Stille, ohne Schmerz und ohne Freude. Das Leben war fort, der Tod war fort – eine größere Einsamkeit kann nicht sein. Man hörte das Summen der Betenden, man sah das Flimmern der wenigen Laternen zwischen den Baumstämmen. Die Träger gingen mit schnellem Schritte. Ich war mit dem kleinen Bruder zurückgeblieben, der Knabe konnte so schnell nicht vorwärts. – Im Leben hätte uns die Mutter nie so zurückgelassen, da hätte sie gewartet, ein wenig lächelnd und ein wenig grollend, und den Kleinen an der Hand geführt. Jetzt verlangte ihr schon nach der Rast in der Erde. Vor dem Pfarrdorfe am Wege steht ein Kreuz mit dem Bilde des Heilands. Hier setzten sie den Sarg zu Boden und warteten auf den Arzt, der aus dem Dorfe kam zur Totenbeschau. Als wir zwei Zurückgebliebenen nachkamen, da war der Sargdeckel bereits wieder festgehämmert. Im Dämmerlichte der Morgenröte zogen sie zur Pfarrkirche ein.

Die Glocken klangen hell zusammen. Mitten in der dunklen Kirche war ein hoher Sarkophag ausgerichtet, es strahlten Lichter und es begann ein feierlicher Trauergottesdienst. Der Pfarrer des Ortes, ein alter, blinder Mann mit schneeweißem Haar, eine ehrwürdige Gestalt, umgeben von Priestern in reichem Ornat, hielt das Requiem. Seine Stimme war hell und feierlich, ein Sängerchor antwortete und Trompeten und Posaunen tönten durch die Kirche. Ich sah den Vater an, er mich, wir wussten nicht, wer das alles so angeordnet hatte. Heute weiß ich, dass es meine Freunde in Krieglach gewesen. Als der Trauergottesdienst vorüber war, wurde der Sarkophag weggeräumt, wurden am Hochaltare alle Festkerzen angezündet und drei Priester, nicht mehr in Farben der Trauer, sondern in rosigem, golddurchwirktem Messgewande traten an die Stufen des Altares und es wurde ein Hochamt mit hellem Glockenschall und fröhlichem Musikklange ausgeführt. „Weil sie erlöst ist von dem Leide", sagte ich zu dem Knaben. Endlich schwankte der Sarg, nun reich geziert, von der Pfarrkirche, in welcher die Waldbäuerin voreinst getauft und getraut worden war, dem Friedhofe zu. Die Priester und der Sängerchor sangen das Requiem, die Glocken klangen über das Dorf weithin in die Wälder und die Lichter flackerten im Sonnenschein. Ein langer Zug von Menschen bewegte sich durch die breite

Dorfgasse. Wir gingen hinter dem Sarge, hielten brennende Kerzen in den Händen. Draußen zwischen den Äckern und Wiesen auf einer sanften Anhöhe liegt der Friedhof. Er ist nicht klein, denn die Pfarre erstreckt sich weit hin über Berg und Tal. Er ist eingefriedet mit einem Bretterzaun, viele Kreuze von Holz und verrostetem Eisen stehen darin, und mitten ragt hoch das Bildnis des Gekreuzigten. Vor diesem Bilde, zur rechten Hand, war das tiefe Grab.

Hier ließen die Träger den Sarg zu Boden, entkleideten ihn aller Zier und arm, wie er gekommen war aus der Waldhütte, rollte er hinab in die Grube. „Heut' ist's an dir, morgen ist's an mir; so bin ich schon zufrieden", murmelte mein Vater. Aber noch vierundzwanzig Jahre hat er warten müssen, bis sie ihn zu ihr hinabgelegt haben. Die Leute warfen jetzt Erdschollen ins Grab und gingen davon. Gingen dem Wirtshause zu, genossen Wein und Brot und redeten von täglichen Dingen. Als die zwölfte Stunde war und nach der Sitte die Kirchenglocken noch einmal begannen zu läuten, der Bestatteten zum letzten Gruß, machten sich die Waldbewohner auf den Weg gegen ihr Hochtal. Wir Zusammengehörigen saßen noch eine Weile beisammen und sprachen traurig von der Zeit, die nun kommen musste und wie sie einzurichten sei. Dann nahmen wir Abschied, Vater und Geschwister gingen heim in die Waldhütte. Ich musste wieder fort zu meinen Arbeiten in der Stadt. In der letzten Stunde vor der Abreise ging ich durch ein Nebengässchen auf den Friedhof. Das Grab war noch offen und still stand unten der weiße Sarg. Die Sonne deines letzten Tages geht jetzt unter und dereinst werden die Zeiten nimmer zu messen sein, vor denen du das irdische Licht hast gesehen.

Über den Bergen der Waldheimat lag ein fremder Schatten.

(Quelle: Peter Rosegger, „Waldheimat" Band 4: Der Student auf Ferien, Gesammelte Werke, Band 20, Leipzig 1914)

Die Waldschule am Alpl

Im Jahre 1901 kehrte Peter Rosegger an einem Sommertag im seinerzeitigen „Gasthaus Schneidhofer“, später „Waldheimathof Bruggraber“, ein und die dort anwesenden Bauern stellten an ihn die große Bitte, doch eine Schule für ihre Kinder in Alpl zu errichten. Bis 1846 hatte es keinen Unterricht für die Kinder am Alpl gegeben. Erst als Michel Patterer, ein Lehrer aus St. Kathrein am Hauenstein existenzlos wurde, kam er nach Alpl und unterrichtete dort elf Jahre lang die Kinder an den Höfen und später in einem Ausdinghäuschen gegenüber der heutigen Waldschule im Heugraben. Er war auch Peter Roseggers Lehrer gewesen, starb jedoch am 31. März 1857 an Auszehrung. Anschließend unterrichteten nur noch wenige am Alpl und wer seine Kinder in die Schule geben wollte, musste sie nach Krieglach, Traibach oder St. Kathrein am Hauenstein schicken. Im Winter war es aufgrund der monatelangen Unmengen von Schnee für die Kinder kaum möglich die Schule zu besuchen. Im Jahre 1870 gab es vierzig schulpflichtige Kinder in Alpl. Peter Rosegger, der stets ein Freund von Kindern war, versprach den Bauern, sich für einen Schulbau einzusetzen. Bereits am Heimweg überkamen ihn die ersten Zweifel: „Als ich nachher die Waldstraße hinabging gegen das Mürztal, fiel es mir aufs Herz, ob ich denn nicht doch zu viel versprochen hatte. Zwischen den Waldwipfeln nieder fiel ein Sonnenstrahl auf meine Straße. Mut! In der weiten Welt gibt es so viel Reichtum und guten Willen. Nimm die Gründung einer Schule für deinen armen Geburtsort auf dich, du wirst nicht verlassen sein.“ Zuhause angekommen, richtete Rosegger an die „Waldheimat-Gesellschaft“ in Mürzzuschlag folgendes Schreiben:

„Verehrte Freunde!

Ich bin dar gegangen, in Alpl ein Schulhaus zustande zu bringen. Es sind dort dreiundzwanzig Kinder, die jetzt stundenweit von jeder Schule entfernt sind und zur Winterzeit oft nachgerade nur mit Lebensgefahr eine Schule besuchen können. Die meisten Kinder können die längste Zeit gar nicht in die Schule gehen und es ist traurig, wie diese sonst wohlgearteten ohne Lesen, Schreiben und Rechnen in ihre Zukunft hineinwachsen müssen. Hier ist so viel Kummer und Unvermögen, in der Welt ist so viel Reichtum und guter Wille – liebe Freunde, übernehmt ein Mittleramt! Die Baumaterialien für das Schulhaus sind mir von hochherziger Seite zum größten Teile bereits zugesichert. Vom Lande Steiermark erhoffe ich genügend Subsistenzmittel für einen tüchtigen Lehrer, ich persönlich gebe zum Baue so viel

In der Waldschule am Alpl befindet sich heute ein Museum.

mir möglich ist; es kommt darauf an, noch 3.000 bis 4.000 Kronen aufzubringen. So wende ich mich an die „Rosegger-Gesellschaft", die sich so treu die Aufgabe gestellt hat, nach meinen Absichten zum geistigen und sittlichen Gedeihen unseres heimatlichen Volkes mitzuarbeiten. Ich glaube, dass diese Gesellschaft sich vorläufig keine schönere und edlere Aufgabe stellen kann, als die, zum Bau eines Schulhauses in Alpl mitzuwirken. Mir liegt dieser Bau sehr am Herzen. Wenn die Gesellschaft mit 3.000 bis 4.000 Kronen in drei oder zwei Jahresraten aufkommt, dann ist das Schulhaus gesichert und der Bau kann im nächsten Frühjahr beginnen, sodass im Jahre 1902 der neue Waldschulmeister einziehen und sein segensreiches Werk beginnen wird. Diese Angelegenheit lege ich Euch, liebe Freunde, vertrauend vor. Helft mir, dass die armen Waldbauern- und Holzknechtkinder in dem weitentlegenen Alpl oben eine gute Schule bekommen. Euer Peter Rosegger."

(Quelle: Brief Peter Rosegger, „Der Heimgarten", Monatszeitschrift, Waldschuleinweihung 1902)

Bereits am 5. Mai 1902 fand die Grundsteinlegung zum Schulbau statt und bis Mitte August 1902 waren außer Spenden in Naturalien 11.000 Kronen beisammen und der Bau konnte in Angriff genommen werden. Am 28. September 1902 wurde die feierliche Einweihung des Waldschulhauses vorgenommen. Die Alpsteigstraße hatte noch nie zuvor eine derart große Menge an Menschen und Fahrzeugen über sich ergehen lassen, als am Tag der Einweihung der Waldschule in Alpl. Rosegger hatte sich schon vor dem Bau der Schule darüber Gedanken gemacht, was aus dem Hause geschehen sollte, wenn keine Kinder aus Alpl diese mehr besuchten. Das Schulhaus müsse dann ins Eigentum der Gemeinde Krieglach übergehen und tatsächlich wurde die Schule 1975 aus Mangel an Schülern geschlossen. Im Jahr 1945 erreichte die Schule mit 55 Kindern den Höchststand, 1975 waren es nur mehr drei Kinder. Rosegger wollte mit der Errichtung der Waldschule zudem die Abwanderung der Bauern und Forstarbeiter aus Alpl und Umgebung aufhalten, konnte dies jedoch nur verzögern.

Seit 1982 ist die einstige Schule ein Museum, dient, wie von Rosegger bereits vor dem Bau vorbestimmt, dem Lehrzwecke und ist im Eigentum der Marktgemeinde Krieglach. Schul- und Roseggerzimmer sind noch im Original erhalten und das Haus beherbergt ein Wandermuseum sowie eine umfangreiche Sammlung von alten Holzbearbeitungswerkzeugen. Die Besucherzahlen des Museums zeigen, dass die einstige Waldschule weit über die Grenzen Österreichs hinaus bekannt ist. In das Gästebuch tragen sich Besucher aus der ganzen Welt ein.

Rosegger als Schullehrer

Als im Jahre 1857 der alte Michel Patterer verstorben war, drohte in Alpl die Kunst des ABC wieder verloren zu gehen, das musste vermieden werden. Rosegger: „Ich fühlte mich als Hüter der Wissenschaft und hatte Lust, in die Ehren und Würden des alten Lehrers zu treten, erstens um der schweren Feldarbeit zu entgehen, zweitens, um Spielgenossen bei mir zu versammeln. Meine Eltern waren unschwer zu überzeugen, dass es auch den jüngeren ihres Stammes, Mädlein wie Knaben, vorteilhaft sein würde, wenn sie christliche Bücher, Zuschriften des Amtmannes und die Papierflügel auf den Medizinflaschen lesen konnten. Täglich auf zwei Stunden wurden mir meine Geschwister freigegeben, dass ich sie beim Lesen, Schreiben und Rechnen unterwiese. So richtete ich mir als Schulzimmer den Stubenwinkel ein, der zwischen dem breiten Elternbette und dem Ofen war. Ein Brett von der Bettstatt bis zur Ofenbank war der Tisch. Zu beiden Seiten einige Holzblöcke waren die Stühle. Das abgebrochene Stück einer Kastenleiste war das Lineal, eine Fibel und eine Schiefertafel sollten von Hand zu Hand gehen und sonst bedurfte man nichts. Alles Übrige musste sich im Kopfe vorfinden. Meine Schuljugend befriedigte mich aber nicht recht. Der Bruder Jakob bestritt mir die Namen einzelner Buchstaben und die Schwestern waren dumme Dinger, die immer lachten. Ich sann nach, wieso beim alten Patterer eine größere Ordnung war. Natürlich, weil er mehr Schüler hatte. So ging ich in die Nachbarschaft und warb Schüler. Ich täte es ganz umsonst, ja, wenn meine Mutter Topfenstritzel backe, so bekämen sie auch davon. Einige Nachbarn

Buchstaben in ihrer
den Linien.

hatten mir sofort ihre Kinder probeweise zugesagt. Der alte Höfelzenz, er saß immer auf dem Herd seines Hauses, der nahm mich zwischen die Knie, fasste mich an beiden Ohren an, aber ganz leicht und fragte nach meinem Alter.

„Dreizehn vorbei!"

„Sappermosthosen! – Na, die Altersschwäche wird noch nicht plagen. Sag' Peterl, was willst du denn werden?"

Glotze ich ihm ins Runzelgesicht. Werden? Ich war's ja schon!

„Schulmeister, natürlich!"

„Ah ja so. Richtig, richtig, Schulmeister."

„Auweh!" schrie ich auf, denn er war mir auf die Zehe getreten.

„Was?" fragte er ellenlang gedehnt. „Du schreist auweh, wenn dir einer mit den Tuchpatschen ein bissl auf die Zehen tritt. Und willst Schulmeister werden? Oh, mein kleiner Mensch, auf einem Schulmeister wird noch ganz anders herumgetreten!"

Dieser törichten Rede legte ich kein Gewicht bei. Wer wird denn auf einem Schulmeister herumtreten?

Um meine Zöglinge nächstens doch wieder zu den Schulbüchern zurück zu locken, stellte ich ihnen für die Prüfung am Schlusse des Monats Prämien in Aussicht. Die ABC-Schützen waren noch die ehrgeizigsten, sie wussten in wenigen Tagen die Namen der vierundzwanzig kleinen Burschen, die seit vierhundert Jahren größere Reiche erobert haben, als alle Heere der Welt zusammen.

Das Ziffernrechnen wollte gar nicht gehen, hingegen waren die Finger an der Hand die denkbar bequemste Rechenmaschine. Die Schreibaufgaben wurden häufig illustriert. Zumeist mit langen Ohren und langer Nase. Ich hatte nie den Mut, die Künstler zu fragen, wer das sein sollte. Unter den Schülern war leidliche Zucht, ich ließ lesen, schreiben und rechnen und zwar das Urelementare im ABC und die ewige Wahrheit, dass zweimal zwei gleich vier ist. Bei einigen ging es recht zäh, aber sie brachten es ziemlich richtig vor, ein paar ratschten ihre Wissenschaft mit großer Zungenfertigkeit herab, an der nur die Kleinigkeit auszustellen gewesen wäre, dass fast alles unrichtig und falsch war. In den Vakanzen, während des Herumarbeitens im Heu und Korn, legte ich mir manchmal die Frage vor, ob für nächstes Jahr meine Schule nicht einen anderen Geist bekommen sollte? Eine Schulreform, die sich aber in erster Linie auf den Schullehrer beziehen sollte. Vor allem musste er gescheiter werden und das wurde er bis zum nächsten Winter nicht. Denn als der Winter kam, machte er mit Kreide an der Haustür bekannt, dass das neue Schuljahr beginne. Die Nachbarn taten diesmal aber nichts desgleichen, nur eine warf es mir so im Vorbeigehen über die Achsel zu, er schicke seinen Buben nicht mehr. Das sei ein kindisches Wesen und es käme nichts dabei heraus.

(Quelle: Peter Rosegger. „Waldheimat" Band 2: Auszug aus: Der Guckinsleben, gesammelte Werke, Band 13, Leipzig 1914)

Zur Geschichte des „Heimgarten“

Nach dem Tod seiner ersten Frau Anna im März 1875 fühlte sich Peter Rosegger trotz seiner Familie unsagbar einsam und erst im Spätherbst darauf gewann er seine Fassung zurück. Er suchte eine neue Herausforderung, die ihn einerseits am Abend müde machen und ihm andererseits die Lebensfreude zurückbringen sollte. Er fasste den Plan, ein Monatsblatt herauszugeben und sandte die Idee samt Unterlagen seinem Verleger zu. Bei der altrenommierten Firma Leykam fand er zu einem äußerst mäßigen Gehalt einen passenden Herausgeber. So entstand Roseggers monatlicher „Heimgarten“, der eigene und fremde Beiträge enthielt. „Heimgarten nennt man in verschiedenen Alpengegenden jenes Haus im Dorfe, wo man des Abends zu kleinen handlichen Arbeiten und zur Geselligkeit zusammenkommt, wo die geistig regsamsten, erfahrensten, am Erzählen und Schildern Behagen findenden Dorfbewohner – wo Leute, welche welt- und lebensklug sind oder werden mögen, zu kurzweiliger, anregender, belehrender Unterhaltung sich einfinden“, so Rosegger. Die erste Auflage war in wenigen Tagen vergriffen, denn die Monatsschrift wurde auch außerhalb Österreichs gerne gelesen. „Im Heimgarten werden Geschichten, Sagen, Märchen, tragische und heitere Begebnisse aus dem Leben erzählt, Lieder und Balladen gesungen; oder Tagesvorkommnisse und wichtige Ereignisse aus dem Dorf- und Weltleben von den Dorfweisen besprochen. Die Unterhaltung im Heimgarten klärt, schärft, bereichert den Geist – erquickt, erwärmt und veredelt das Herz“, so Rosegger weiterhin.

Leider ergab sich in kürzester Zeit ein riesiges Redaktionsproblem, denn eine nie versiegende Flut an Manuskripten und nichtssagenden Einsendungen erfolgte von Leuten, die meinten, gute Dichter oder gar Schriftsteller zu sein. Noch dazu hatte Rosegger das Problem mit der Grazer Zensur und so stellte er nach Jahren fest, dass der „Heimgarten“ mit der Zeit leider sehr zahm geworden war. Nicht einmal mehr die Aussprüche von Kaiser Joseph II., oder überzogen humoristische Gedichte fanden sich mittlerweile im Monatsblatt und daraufhin übergab er im Jahre 1910 die Leitung des „Heimgarten“ an seinen Sohn Hans Ludwig. Rückblickend stellte Rosegger fest, dass die Irrtümer des „Heimgarten“ und vieles, was ihm als falsche Voraussage angedichtete wurde, früher oder später eingetroffen oder sich als Irrtum der anderen erwiesen hatten. Seinerzeit erkannte er bereits den immer mehr wachsenden Einfluss und die Machtstellung der Medien. Trotz

Eine alte Ansichtskarte der Waldheimat.

Sorgfalt wurde der „Heimgarten“ im Laufe der Jahre siebenmal konfisziert. Das Blatt wäre weitaus frischer und unbefangener gewesen, wäre in Österreich nach der Revolution nicht derart viel verpönt worden. Mit dem „Heimgarten“ schöpfte Rosegger fast alle Möglichkeiten aus, die eine eigene Zeitung zu dieser Zeit bot. Er war nicht nur ein geborener Dichter, sondern auch ein Publizist mit immer neuen Varianten, die Evolution voranzutreiben, um der Revolution zuvor zu kommen. Zusätzlich rief er im „Heimgarten“ zu Sammelaktionen und Gründung oder Unterstützung verschiedenster sozialer Einrichtungen und Hilfswerke auf. Auf Einladung der Berliner Lessing-Gesellschaft fasste er sechzehn „Heimgarten“-Artikel zu Zeitfragen aus den verschiedensten Lebensgebieten in Form des Sammelbandes „Volksreden“ zusammen. Seiner Zeit voraus, erweiterte Rosegger den „Heimgarten“ um die Sparte „Heimgärtners Tagebuch“, der damaligen Form eines Blogs, durch diese konnte er den Kontakt zu seinen Abonnenten noch enger knüpfen und sie mit persönlichen und spontanen Beiträgen enger an der gehaltvollen Unterhaltung teilhaben lassen.

(Quellen: Auszüge „Heimgarten“, diverse Beschreibungen Rosegger und Auszug von „Der andere Rosegger“ von Charlotte Anderle, Steir. Agrarverlag Graz, 1994)

Es gibt eine Wahrheit

Es gibt eine Wahrheit, die jeder sehen könnte und niemand sagen will – sag’ sie du. Fürchte dich nicht vor Fürsten und Soldaten, nicht vor Priestern und Gelehrten, nicht vor den Reichen und nicht vor dem Pöbel – sage die Wahrheit, wie sie in dir ist. Es gibt nichts Einfacheres, als statt der Unwahrheit, statt der Entstellung, statt der Beschönigung die reine Wahrheit zu sagen, wie du sie erkennst, da braucht es keine Finten und Schliche, keine Beteuerungen und Phrasen – in deiner Einfalt sage die Wahrheit, wie sie heute in dir ist. Es kann auch sein, dass du morgen schon das, was du heute für wahr gehalten, als einen Irrtum erkennst, dann habe den Mut, ihn einzugestehen und damit ein neues Zeugnis zu geben von dem, wie hoch dir die Wahrheit steht. Ehrlich zu aller Zeit! Das mag dein Wahlspruch sein.“

(Quelle: „Heimgarten“, eine Erinnerung zu seinem 10-jährigen Bestehen, Oktober 1886)

Hundertzweiundachtzig Zeilen

Endlich einmal! Nach einem zwölf Monate langen Tagwerk etliche Tage Rast. Der eine Jahrgang ist vollendet und auch vom neuen Jahrgang soll diese Tage das erste Heft erscheinen. Es könnte schon da sein. Der Redakteur hat immer ein wenig Angst, wenn ein Heft nicht zur rechten Stunde eintrifft. Es kann der Nummer mancherlei passieren. Ein Schaden in der Pressmaschine; ein Verschleppen auf der Post; der Staatsanwalt! Schütteln wir’s ab. Alles ab und eilen in’s Gebirge. Nichts von Papier und Büchern mehr eine Woche lang, abwaschen die Tintenflecke mit Quellwasser, wegfegen den Literaten mit Brennnesseln. In die Wildnis! Den Kopf mit dem bisschen, was d’rin ist, will ich von mir schleudern, wie ein toller Almjunge seinen Hut, wenn er jauchzt; meinen Namen will ich vergessen, mit geschlossenen Augen will ich meine Glieder in die Haselnussbüsche, Hagebuttensträucher und in alle Winde verstreuen – da mögen nach acht Tagen andere suchen, wenn sie den Kerl wieder beisammen haben wollen.

Zum Hirschen-Stindl stieg ich hinauf. Wer die Gegend kennt, der weiß was das heißt: beim Hirschen-Stindl. Ganz windschief steht das Häusel in der Waldwildnis. Aber eine Alpenmilch, wie sie der Kaiser nicht hat! Und Wildbret – etwas zu jeder Jahreszeit – kann der Stindl aufwarten. Ich vermute, dass er’s stiehlt, denn es ist sehr schmackhaft. Mein Tuchgewand warf ich hin, es roch von Tinte und Druckerschwärze, den Leinwandkittel des Stindl zog ich an und so legte ich mich der Länge nach in den Schatten der Ahorne. Ich schlief ein wenig ein, falls der liebe Gott den

Spaß mit der Rippe des Adam ein zweites Mal machen wollte. Und was sage ich denn? Als ich aufwachte, stand ein junges, täppisches Mädchen bei mir und wusste sich nicht zu helfen. Es war hübsch rund, barfuß und barhaupt, aber das halbe Haar war ihm etwas wirr geworden durch das Dickicht herauf. Es war von der Poststation des nächsten Dorfes geschickt und hatte ein Telegramm für mich. Ich ahnte nichts Gutes und siehe, die Buchdruckerei meldete: „Für's Oktoberheft fehlen noch hundertzweiundachtzig Zeilen, erbitten postwendend Manuskript.“

Da haben wir's. Jede Druckerei von Zeitschriften sollte doch zum mindesten für solche Fälle eine Seeschlange auf dem Lager haben, und wenn's auch eine ganz kleine ist, oder ein Hausmittel, wie man aus der Wäsche Obstflecken herausbringen kann. Gott, in meinem Stadtzimmer hätte ich drei große Kisten voll von eingesandten Gedichten. Eins oder zwei davon hier – meinetwegen die jämmerlichsten – ich wäre glücklich und der Verfasser wäre es auch. Nach Zentnern wäge ich die Manuskripte, und hier nicht eine Zeile. Aber es muss Rat geschafft werden, dagegen hilft nichts. Oh Herr Setzer! Das Mädchen soll warten, ich will jetzt dichten. Aber was? Bäume, Gras, Ameisenhaufen und Vergissmeinnichte, Wolken und Sehnsucht, rühre es gut durcheinander. Nein, es geht nicht. Verdammter Setzer! Das Mädel will fort, aber es muss mir ja doch das Manuskript mit auf die Post nehmen. Halt! Vielleicht weiß das Dirndl was. Papier und Bleistift aus dem Taschenbuch, eine wichtige Miene dazu und nun Frage: „Bist du die Telegraphenbotin?“

„Heut' wohl ja“, antwortet sie und zeigt lachend ihre weißen Zähne. „Der Postbote hat nicht Zeit gehabt, da hat mich die Mutter gehen lassen.“ Als Beleg trocknete sie sich mit dem schmalen Schürzlein das Gesicht.

„Wie heißt du?“ „Ich? Marianne, Graneggerin.“ Dabei schämte sie sich ein wenig.

„Und wie alt?“

Da sperrte sie sich, aber ich erklärte ihr ernsthaft, wenn sie Telegraphenbotin sein wolle, so müsse sie alle Fragen beantworten. Das schien ihr einzuleuchten. „Zu Peter und Pauli bin ich siebzehn geworden“, gestand sie. Ich nahm's zu Protokoll. „Gut. Und nun sag mir, Marianne, hast du schon einen Liebsten?“

Jetzt setzt sie den Arm über ihr Gesicht, es waren aber nur die Augen verdeckt, die Zähnchen sah ich doch herauslachen zwischen den roten Lippen. „Ja, liebes Kind“, sage ich, „das muss ich wissen. Man sieht dir's auch an, du hast einen Schatz, und noch einen sauberen dazu. Nicht wahr?“

Sie nickte mit dem Haupt und nun hatte ich hundertdreizehn Zeilen. „Wer ist er denn, dein Herzliebster?“

„Das sage ich nicht“, antwortete sie, flocht die Finger ineinander und wand sich ein wenig schalkhaft nach der Seite, was wieder sieben Zeilen machte. „Ist er ein Schmied?“, fragte ich. „Wohl was Besseres.“ „Oder ein Jäger?“

Sie schüttelte den Kopf. „Nein, Jäger ist er auch nicht.“

„Was treibt er denn?“, war meine Frage während ich alles aufschrieb. „Nun, Kälber abstechen tut er.“ „Also ein Fleischhauer. Dass du dir aber so eine Blutdürstigen ausgesucht hast!“ „Mir tut er nichts“, versicherte sie. „Zahlt er dir halt am Sonntag Wein und Braten?“ „Das wohl.“ „Und kommt am Samstagabend zu deinem Fenster?“

„Weiß nicht.“ Dabei wand sie sich wieder und lachte fortwährend. „Fensterln!“, meinte ich, „wie es ja der Brauch ist bei Liebschaften. Nicht?“ „Kann schon sein.“

„Und machst du halt das Fensterlein ein wenig auf!“ „Ah bei lei“, antwortete sie, „zum Fenster ist er nicht kommen.“ „Das glaube ich dir aber nicht.“

„Gleich zu der Tür.“ (Ich fragte mich gelegentlich, wie viele Zeilen noch fehlten? Zweiunddreißig noch? O Herr Setzer, Sie sind ein Ungeheuer! Wenn Sie gütigst erlauben, mit diesem Ehrentitel eine Zeile zu füllen.)

„Also mein schönes Kind, wo sind wir stehen geblieben? Ah, bei der Tür. Dort bleibt also auch dein Fleischhauer stehen?“

„Nein, der nit.“

„Sondern?“

„Herein gegangen wird er halt sein.“ „Zu dir?“

„Freilich.“

„Nun, was hat er gesagt?“

„Gesagt hat er nichts.“

„Hat der Mond geschienen?“

Da wird sie verlegen, was eine einzige Zeile gibt.

„Wenn ich schon alles erzählen soll“, meint sie und zerzaust ein Ahornblatt und ihre Wangen werden so rot, dass ich den Herrn Setzer beschwöre, sich mit dem Vorstehenden zufrieden zu geben. Noch zehn Zeilen! Und unerbittlich? Gut.

„Also weiter, Marianne, weiter!“

„Gestolpert ist er im Finstern, der liebe Narr“, gesteht sie.

„Weiter!“

„Nachher“, stottert sie, ohne mich anzublicken, „nachher ist der Hausvater gekommen und hat ihn mit dem Stecken davongejagt.“

Das genügt.

(Quelle: „Heimgarten“, Peter Rosegger Oktober 1885, X. Jahrgang, 1. Heft)

Lebensregel

Ruf' nicht zurück die flüchtigen Sekunden,
weil allzu schnell vorüber sie gezogen:
Kurz ist der Lauf der raschen Lebenswogen,
doch lebst Du lang in wechselvollen Stunden.

Und hat der Schmerz zu Dir den Weg gefunden,
hat süße Hoffnung, Deiner Brust gelogen,
so gibt das Weh' den Zeiten, die verflogen;
Bald hat die Zukunft Dich mit Glück umwunden?

Durcheile froh das blumenreiche Leben
und klage nicht um Blüten, die da sanken:
Die neue Zeit mag neue Freuden geben!
Doch willst Du an Vergangenes Dich ranken,
so lass' es still durch Deine Seele weben,
als sonnige Erinnerungsgedanken.

(Quelle: „Heimgarten", Gedichte von Hermann Kienzl, Dezember 1885, X. Jahrgang, 3. Heft)

Notwehr gegen den literarischen Dilettantismus

Wie ist dem überhandnehmenden Dilettantismus in der Literatur am besten entgegenzusteuern?"

Dieser von der deutschen Schriftstellerzeitung in Stuttgart gestellten Frage wurde von Walter Gorbach in Königsberg eine Antwort gegeben, die auch wir abzudrucken alle Ursache haben. Da heißt es: Drei sehr wirksame Mittel sind dagegen zur Hand:

Erstens sollen hervorragende Dichter und Schriftsteller mit ihren Ermunterungen junger Talente vorsichtiger umgehen und dringend vor weiteren Produktionen warnen, wo nicht das naturwahre, innige Gefühl, der edle Geistesfunke gefunden werden kann, der allein veredelnd wirkt und einstige Seelengröße verspricht.

Zweitens sollen Redakteure über ihren „Brieftaschen" folgende Notiz einschalten: „Einsendern von literarischen Offerten für unser Blatt antworten wir stets unter deren vollem Namen und Wohnort, die jeder Einsendung beizufügen sind, nachdem wir uns durch unsere Vertreter in dem betreffenden Orte überzeugt haben, dass der Name kein fingierter ist." Diese Vorstellung dürfte sehr vielen die

Lust zum Schreiben nehmen. Talentierte Anfänger sollte man auch nicht gleich beim ersten Feuilleton honorieren, da es meistens dieser Punkt ist, welcher sie die Feder aufsetzen lässt. Der Hauptgrund aber für die Massenproduktion ist in dem Umstand zu finden, dass jährlich mehrere neue Journale entstehen, die immer reichlicher solchen Futters bedürfen, daher förmlich zur Lieferung oberflächlichen, gedankenlosen Zeuges animieren. Anstatt ein Verlegerkonsortium zu bilden und ein wahrhaft mustergültiges Journal herauszugeben, will ein Verleger den anderen überbieten und totdrucken.

Drittens: Da der Dilettantismus fast ausschließlich dort entsteht, wo ein Überfluss an Zeit vorhanden, wo ein missverstandener Drang nach irgendeiner produktiven Tätigkeit herrscht, wo der fieberhafte Wunsch, sich gedruckt, honoriert und berühmt zu sehen, den Antrieb gibt, um der verwandten Sippe damit zu imponieren, gleichviel ob Anlage zu literarischer Beschäftigung vorhanden oder nicht – denn solche Leute schreiben und dichten nicht, weil sie, ihrem Inneren folgend, müssen, sondern weil sie möchten – und jede, die einmal bei Mondschein und „klagender" Nachtigall in blühender Fliederlaube gesessen, bekommt lyrische Affektionen, welchen Entzündungszustand man nur durch Reime oder Novellen fühlen zu können vermeint; – da ferner die Novellomanie zum faszinablen intellektuellen Sport, andererseits eine Erwerbsquelle geworden, in jedem Falle eine Krankheit ist, die den edlen Kern literarischer Bestrebungen ernstlich zu überwuchern droht, so liegt die solide Abhilfe in der Erziehung, indem man die Kinder und jungen Leute, namentlich die zur Sentimentalität neigenden Mädchen, nicht Muße haben lässt, sondern sie von Jugend auf an eine erfrischende Tätigkeit, sei es häuslich, gärtnerisch oder kindergärtnerisch in Handfertigkeit gewöhnt, die einen nicht bummeln, die anderen nicht sticken und dabei Romane verschlingen lässt, die sehr wenig bilden und nur Wünsche erregen, Vergleiche mit dem eigenen Dasein und die Sucht zu Liebeleien veranlassen. Hinweis der Redaktion: Bei schlechten Produkten ist manchmal auch sofortiger Abdruck von guter Wirkung.

(Quelle: „Heimgarten", Februar 1886, X. Jahrgang, 5. Heft)

Der Kalendererzähler.

Leute gibt es allerlei

Leute gibt es allerlei
auf der weiten Gotteswelt.
Wem die Sache nicht gefällt,
wer da ausmarschiert, um jeden,
so nicht sein ist, zu befehden,
der wird nimmermehr auf Erden
mit der Fehde fertig werden.
Juden, Slaven, Atheisten,
Welsche, Philosophen, Christen,
Japanesen, Deutsche, Heiden,
und wie noch die Rassen scheiden,
Kasten, Sekten, Nationen,
die in Gottes Licht sich sonnen,
alles rollet hin und her,
wie der Wellenschwall im Meer.
Wie die Wässer und die Winde,
Stürmisch hier, und da gelinde,
Ewig um den Erdball kreisen,
so in den Naturgeleisen.
Wogt die Menschheit hin und wieder;
Schranken, die du heute aufstellst,
brechen morgen krachend nieder.
Güter, die durch Kampf errungen,
Frieden, der durch Krieg erzwungen,
reisen neuerdings die Staaten
aus zu neuen Schreckenstaten.
Nicht einander jagen, schlagen,
sondern mit Geduld ertragen
nach dem Rate der Natur,
ist das Omega und Alpha
aller Bildung und Kultur.
Wer da ausmarschiert, um jeden
Fremdgesinnten zu befehden,
der wird nimmermehr auf Erden
mit der Fehde fertig werden.
Wär’ der letzte Feind zertreten,
stünd’ allein er im Planeten.

(Quelle: Gedicht Peter Rosegger, „Heimgarten“,
Januar 1886, X. Jahrgang, 4. Heft)

Die Waldheimat bei Nacht. ►

Grazer Jahre

Von 1881 – die Waldheimat war zu diesem Zeitpunkt bereits literarisch etabliert – bis 1914 war Johann Kleinoscheggs Weinstube „Im Krug zum Grünen Kranze" in der Herrengasse in Graz allwöchentlicher Treffpunkt von Grazer Künstlern und kunstinteressierten Journalisten, Wissenschaftlern, Rechtsanwälten, Architekten und Schauspielern unter der Leitung von Peter Rosegger. Wie sehr er die Debatte am Stammtisch liebte, geht aus dem Schreiben vom 29. November 1901 an seine Freunde heraus, als er einmal fernbleiben musste: „Ach, wie wär's im Kruge lustig, doch zuhause bleiben musst' ich. Hab's ein bisschen auf der Brust – ich! Die halben Nächte pfauch' ich und die anderen halben hust' ich."

Rosegger lebte insgesamt 53 Jahre in Graz. Im heutigen Haus Wickenburggasse 5 vermietete ihm der Finanzrat Franz Frühauf ein Zimmer und Ende 1865 übersiedelte er als Nachhilfelehrer in die Salzamtsgasse 28 (spätere Stiftgasse 3). „Meine neue Wohnung war eine schiefwandige Dachkammer ohne Ofen … Die langen Abende stand ich schlotternd am Fenster mit dem Schulbuch, bei dem Licht einer Straßenlaterne, die ich zu den Wohltätern meines ersten Grazer Lebens zählen muss." Lediglich vierzehn Tage soll er es den Erzählungen nach dort ausgehalten haben, dann zog Rosegger wieder zurück in sein altes Zimmer in der Wickenburggasse. Eine kleine Wallfahrtskirche namens Maria Grün in der Grazer Mariagrüner Straße 82 war die Hochzeitskirche von Peter Rosegger und seiner Frau Anna Pichler, die er am 13. Mai 1873 ehelichte. Das jung vermählte Paar zog in eine kleine Wohnung in die Sackstraße 31, das Glück war jedoch nur von kurzer Dauer. Im Jahr 1879 siedelte er in eine Wohnung in der Elisabethstraße 16B. Gerne verkehrte er im Haus seines Gönners Peter von Reininghaus, im Metahofschlössl in der Babenbergerstraße. Im Gebäude Grazer Burggasse 16/Ecke Opernring 10 wohnte und wirkte Peter Rosegger von 1880 bis 1918, eine Gedenktafel am Hause erinnert daran. Von Oktober 1893 bis Oktober 1897 bewohnte er zwischendurch ein Haus in der Parkstraße 11, zog jedoch wieder in die Grazer Burggasse zurück, von wo er seine letzte Reise in die Heimat antrat. Eine Gedenktafel an dem Wohnhaus und eine Inschrift über dem Eingang, straßenseitig, erinnern noch heute an den Heimatdichter.

Zahlreiche Denkmäler und Statuen zu Ehren Roseggers befinden sich in Graz an öffentlichen Plätzen, wie Hans Brandstetters Waldlilie von 1885 im Grazer Stadtpark. Sie stellt eine Romanfigur aus Roseggers „Schriften des Waldschulmeisters" von 1874

Das Wohnhaus in Graz, Burggasse 16.

dar. Die Jungfrau im einfachen Kleid, mit langem geflochtenem Haar und einem Reh an ihrer Seite war Brandstetters erste öffentliche Figur in Graz.

Zwischen den Jahren 1870 und 1910 verdoppelte sich die Grazer Bevölkerung und zählte mitsamt den Vororten an die 190.000 Einwohner. Ein neuer Zeitgeist manifestierte sich, der an Rosegger nicht spurlos vorüberging. Die Kreise, in denen er verkehrte, gehörten in erster Linie dem Bildungsbürgertum an. Im Jahre 1885 trat er dem Grazer Richard-Wagner-Verein bei und über die damaligen Stadtväter wusste er zu berichten: „Ich glaube nicht, dass unsere Stadtväter persönliche Feinde des Grünen und der Bäume sind, aber ich vermute, dass sie für materiellen Gewinn der Stadt im Stande sein würden, den letzten Baum zu opfern. Und diese Spekulation ist schief, denn was heute noch als Gewinn erscheinen mag, ist morgen Verlust. Was an Graz schön ist und was die Gäste zu uns lockt, das ist nicht die Stadt, sondern die Landschaft!" Bereits 1910 nannte man den Waldpfad, der vom Hilmteich zur Wallfahrtskirche Mariatrost führt, „Roseggerweg" und im Jahre 1914 wurde ein Prunkhaus in der Annenstraße „Roseggerhaus" genannt. Der Dichter wurde von der Stadt Graz mehrfach ausgezeichnet und war Ehrenbürger der Stadt.

Die Sage über Maria Grün

Die Sage berichtet darüber, dass Hans Fritz ein reicher, angesehener Grazer Bürger war. Doch zu seinem Reichtum kam er nicht ohne Schwierigkeiten. Während einer Reise erkrankte Hans Fritz in Graz schwer. Er nahm Unterkunft im Gasthaus „Zum Hasen" in der Schmiedgasse. Dort pflegte die gute Tochter des Wirtes den Kranken wieder vollkommen gesund, wonach er sie heiratete und selbst Gastwirt wurde. Wie es das Schicksal so wollte, wurde er nach 15 Jahren zum Witwer. Der Wirt Fritz heiratete daraufhin ein zweites Mal, und zwar ein einfaches Grazer Bürgermädchen. Selbst in diese Ehe schien Fritz ins Unglück zu schlittern, da seine Frau im Wochenbett schwer erkrankte. Jetzt gelobte Hans Fritz, dass er eine Kirche bauen würde, wenn sein Kind aufwüchse und so stark würde, dass es einen Stein werfen könne. Das Kind wurde geboren und die Frau genas bald wieder. Als ihr gemeinsames Kind groß war und bei einem Spaziergang der Familie den ersten Stein warf, hielt der Wirt sein Versprechen. An der Stelle, wo der Stein auffiel, mitten im Grünen von Graz, baute Fritz eine kleine Kirche, die er „Maria Grün" nannte.

Das Wohnhaus in Graz,
in der Wickenburggasse 5.

Die Entstehung der Kirche zu Maria Grün

Zu Graz in der Schenke Zum Hasen fand
sonst frohe Gesellschaft sich ein,
Der Wirt war das lustigste Männlein im Land
und schenkte den herrlichsten Wein.

Still ist's und leer nun, kein Trank und Schwank!
Dem Wirt verging der Scherz,
es liegt ihm zu Hause die Gattin krank
und wimmert im Mutterschmerz!

Er steht am Bette tröstend und hebt
die Hände zum Himmel und spricht:
„O Mutter des, der in Ewigkeit lebt,
verlasse die Dulderin nicht!

Und wenn das Kind, das am Arm ihr einst winkt,
kann heben den ersten Stein,
am Ort, wo der Stein aus der Hand sinkt,
dort will ich ein Kirchlein dir weih'n!"

Einst wallt durch die Lenzflur, die wieder ergrünt,
der Wirt und sein holdes Weib.
Zur Seite tändelt ein liebliches Kind,
geschmiegt an der Mutter Leib.

Das hebt dort am Bach ein Steinchen auf
und trägt's wohl noch weit und lang;
hinunter durch Täler zu Hügeln hinauf
geht wechselnd der Wandelnden Gang.

Bis tief in ein Tal, vom Walde umkrönt,
da können sie fürder nicht geh'n,
ein Ruf in den Lüften und Herzen ertönt.
Gebietend hier stille zu steh'n.

Denkmal bei der Kirche Maria Grün in Graz, auch Wallfahrtskirche Maria Heimsuchung.

Ein Ruf aus rauschendem Föhrenlaub,
aus Wellen die plätschernd zieh'n,
aus Blumen und wehendem Blütenstaub,
aus Halmen und Wiesengrün!

Ein Ruf, der auf Strahlen des Lichtes heran
und tief in die Herzen führt,
und wieder als Dank und Jubel heran,
zur strahlenden Heimat kehrt!

Und wie das Kind im stillen Gebet,
die Eltern sieht auf den Knien,
ausspannt es die Arme zum Himmel erhöht.
Der Stein sank zur Erde hin!

Wohl sieht man zur Stelle ein Kirchlein steh'n.
Man nennt es Maria-Grün.
Noch sieht man die Talflur so wunderschön,
so grünend und duftend blüh'n.

Das hat zu Mariens und Gottes Ehr'
vor Jahren ein Wirt getan,
die Enkel doch bauten dem Wirt wohl zur Ehr'
vorlängst eine Schenke daran.

So mische sich Jauchzen und Becherklang,
mit Psalmen und Glockengeläut!
So tanze der schwarze Messner entlang
mit rosiger Kellnerin heut!

(Quelle: Gedicht auf der Gedenktafel bei der Kirche Maria Grün,
Anastasius Grün, 1806–1876)

Der Schlossberg

Schlossberge gibt's viele, aber Schlossberg nur einen. Die Schlossberge, das sind zumeist kahle Felskegel oder Bergnasen mit einem Kastell oder einer Kaserne. Ist's nur eine Ruine, die solch einen Schlossberg krönt, so steht sie meistens so nackt und kahl und unmalerisch da, als es bei einer Ruine nur möglich ist; der Rest einer Zugbrücke, ein paar wohlgemeint restaurierte Turmwände mit Fresken, das halbverfallene Burgverlies mit der üblichen „eisernen Jungfrau" sind die Sehenswürdigkeiten; wo sich ein hübscher Aussichtspunkt in die Gegend bieten würde, ist der Zugang zumeist nicht gestattet, mit Schutt verrammelt oder sonst wie unmöglich. Anders der Schlossberg, den wir meinen, der von Dichtern viel besungene und der in seiner Art so ziemlich einzige in der Welt. Wer ihn noch nicht kennt, der folge mir! Er denke sich fürs erste ein weites, reich gegliedertes, reich bebuschtes und bewaldetes Tal. Ringsum in der Runde stehen in entzückender Mannigfaltigkeit die Berge, die kleinen und die großen, die Hügelreihen, das Vorgebirge und die Alpenrücken. Im Tale hätte leicht ein Paris und noch dazu ein London Platz, einstweilen steht in demselben eine Stadt von hundert- und so viel tausend Einwohnern, die sich so behaglich und ungezwungen ausbreitet, als wäre sie eine Millionärin. Und mitten in der Stadt, so recht mitten aus dem bewegten Straßenleben und Häusergewühle heraus, erhebt sich, unbegreiflich wie ein Märchen und schön wie eine Romanze, ein über vierhundert Fuß hoher Berg. Ein Berg, der so viele und vielfältige landschaftliche Schönheiten trägt, als er fassen kann. Er hat alles und wendet jeder Weltgegend die Seite zu, die ihr gebührt. Gegen Süden hin die sachte Abflachung, an der sich nach italienischen Vorbildern einige Gebäude höher hinauf wagen, als das bei unseren an die Ebene gewohnten Städte der Brauch ist. Dem östlichen, üppig bewachsenen Hügelland wendet der Berg seine wallenden Gebüsche, seinen dichten Laubwald zu. Gegen die nördlichen Waldlande hin schaut er mit seinen dunklen Wäldern von Fichten, Tannen, Kiefern und Lärchen. Und gegen das Hochgebirge im Westen schwingt er wettlustig den rauen Silberschild seiner unnahbaren Felsenwände.

Der Berg ist auch einmal kahl gewesen, jetzt aber sind seine Hänge in einen Wildpark verwandelt, in welchem jede Wendung der Wege und Steige ein neues Landschaftsbild zeigt – oft die weitesten Ausblicke, oft die reizendste Einsamkeit – und doch mitten in der Stadt: Es ist der Schlossberg zu Graz.

Ich habe vom Schlossberg aus zu allen Jahreszeiten und Tagesstunden mein Graz angeschaut; die Bilder sind überaus verschieden; unvergleichlich ist jedes, auch das mit den Winternebeln, welche die Illusion, als wandle man draußen im entlegenen Gebirge, vollständig machen; auch das mit den Schneestürmen, wo man sich den Pfad selbst treten muss und der Schneestaub die Wangen anglüht.

Die Waldlilie im Grazer Stadtpark, Statue von Hans Branstetter für Rosegger.

Einzig ist das Bild in stiller Nacht, wenn unten das Meer der Lichter schimmert wie ein niedergesunkener Sternenhimmel. Wieviel Glück habe ich da oben schon empfunden! Wieviel Herzweh habe ich seit vielen Jahren da hinaufgetragen und abgeladen! O Graz, du geliebte Stadt! Busch und Wald, Vogelsang und Frieden, Bergluft und den Blick des weiten Himmels, all das kannst du geben mitten in deinem Weichgebilde – wer eine Stunde dafür frei hat.

(Quelle: Auszug Peter Rosegger, Ausgewählte Schriften,
„Spaziergänge in der Heimat", Hartleben, 1894)

Während seiner Jahre in Graz führte Peter Roseggers täglicher Spaziergang über den Schlossberg, der ihn vom ersten Augenblick an beeindruckte. Er wohnte in Wohnungen, die in Sichtweite zum Schlossberg lagen. Für seine Gemahlin fertigte Rosegger ein Scherzbild, welches das Erklimmen des Schlossberges aus ihrer Sicht und als Gegenüberstellung aus realer Sicht darstellte. Sie stellte sich den Schlossberg als einen sehr hohen, felsigen Berg vor und war besorgt, er würde sich bei seinen Wanderungen auf den Schlossberg überanstrengen.

Die grüne Wiese

In Steiermark hieß es in früherer Zeit, dass die Soldaten nicht in den Himmel kommen, sondern dass sie sich auf der „Grünen Wiese" versammeln und dort warten, bis der Tag kommt, an dem sie wieder in der Welt erscheinen werden. Auf diesem Sammelplatz sitzt auch Kaiser Friedrich in immerwährender Ruhe. Sein Bart ist schneeweiß und wächst um die große Tafel herum, bei der alle Krieger versammelt sind. Sobald er dreimal herumgewachsen ist, wird der Wächter ins Horn blasen und das unermessliche Heer wird aufbrechen und in der Welt Ruhe und Ordnung schaffen. Bis aber der Bart einmal um die Tafel herumgewachsen ist, das dauert gerade so lange, als bis der Ewige Jude einmal um die Erde herumgewandert ist. Zweimal ist das schon geschehen, zum dritten Mal geschieht es eben jetzt. Zu der Zeit, in welcher der Kaiser auf der Welt erscheint, wird da große Unordnung und Verwüstung herrschen. Einer wird sich über den anderen erheben, jeder wird herrschen wollen und niemand gehorchen. Große Brände werden entstehen, die Wasser werden austreten, die Erde wird zittern und beben, die Menschen werden durch Krankheiten und Seuchen dahinsterben wie die Mücken und es wird eine große Hungersnot sein.

Dann wird Kaiser Friedrich mit seinen Leuten kommen und den Krieg anfangen und darin wird mehr als die Hälfte der Menschen umkommen. Ein Bauer wird zu dieser Zeit beim Grazer Schlossberg vorbeifahren und mit der Peitsche schnalzen und rufen: „Do is amol die Grazerstodt g'stond'n!"

Dann werden erst die guten Zeiten kommen, alles wird wohlfeil werden, die Leute aber immer schlechter und schlechter bis zum Weltuntergang.

(Quelle: „Österreichs Sagenborn. Für die Jugend und das Volk ausgewählt und neu erzählt von Friedrich Ruthmayer", Reutlingen, 1913)

Auf dem Fetzenmarkt zu Graz

Als Knabe litt ich häufig an kleinen Augenentzündungen; deren Ursache war das nächtliche Lesen bei trübem Kienspanschein. Unsere Nachbarin war ihres Augenübels wegen zu einem Stadtdoktor gegangen; so sagte ich eines Tages zu meinen Eltern, ich würde auch meiner Augen wegen nach Graz gehen müssen. Freilich der Augen wegen, aber nicht, weil sie krank waren, vielmehr, weil sie Graz sehen wollten. Der Vetter Franz hatte mir oft „nach Graz gezeigt"; da hatte er meinen Kopf zwischen seine beiden Hände wie in eine Zange gepresst, mich so etwa einen Schuh hoch vom Boden emporgehoben und gefragt, ob ich schon nach Graz sähe. Ich war noch lange nicht über die Waldbergrücken hinaus, aber um wieder auf die Füße zu kommen und mein Haupt zu befreien, gab ich vor, schon Graz gesehen zu haben. Die Vorstellung erregte meine Sehnsucht und so ging ich nun mit Zustimmung der Eltern „der Augen wegen" nach Graz. Ich nahm meinen Weg über die Fischbacher Alpe; dort begegnete mir ein Almhalter mit einem Stocke, fragte mich, ob ich eine Sackuhr oder Geld bei mir hätte. Es freute mich sehr, dass er an mir eine Sackuhr vermutete, denn weil Bauernknaben dergleichen nur selten im Sacke haben – so musste er mich für einen erwachsenen Burschen halten, der ich mit Sehnsucht so lange gerne gewesen wäre, bis ich einer war. Dann freilich hätte ich wieder lieber ein Kind sein mögen. „Also Uhr", sagte ich, „habe ich keine bei mir, aber vier Gulden Geld."

„Und fürchtest du dich so alleine auf dem Wege nicht vor den schlechten Leuten?", fragte der Almhalter. „Fürchten tu' ich mich nicht", war meine Antwort. „Aber was wirst denn machen, wenn dir einer das Geld wegnehmen will?"

„Ich rauf' oder ich lauf'."

„Damit wirst nicht weit kommen. Hörst, wenn dir auf der Straße einer unterkommt, dem du nicht traust: nur gleich anbetteln. Keck das Hütel herab und anbetteln; gibt er dir nichts, so nimmt er dir nichts. Behüt' dich Gott und lass' dir Zeit auf dem Weg." Dann kam ich nach Fischbach, weiter durch den Fischbacher Wald, nach Birkfeld, wo der strenge Dechant wohnte, der zu den Schulprüfungen auch schon mehrmals in unsere Gegend gegangen war. Weiter nach Weiz, wo der Kerker war, in welchem alle Diebe und Wildschützen aus der Fischbacher Gegend eingesperrt wurden. Und mir ist auf dem ganzen Weg nichts zugestoßen, als ein großer Hunger,

Blick vom Grazer Uhrturm auf die Stadt in Richtung Süden.

den ich beim Fleischhauer in Weiz durch eine Schüssel Speckfleck vertilgte. Bei dem selbigen Fleischhauer schlief ich die Nacht über in einem Stall. Am nächsten Tag kam ich glücklich durch die Raabschlucht, wo das Hochwasser gerade eine Brücke mit dem Schutzengelgebilde weggerissen hatte, weiter nach Albersdorf und auf eine Anhöhe, von wo aus man das erste Mal die schimmernden Türme von Mariatrost sieht und im Hintergrunde den Grazer Schlossberg, umhüllt von blauem Dunste.

Im Walde hinter Mariatrost lag ein Handwerksbursche; er richtete sich auf und fragte mich: „Wohin?" „Nach Graz." „Wir gehen gemeinsam." Das war ein braver Mensch und weit gereist. Er erzählte mir unterwegs, dass Graz ein Dorf sei gegen die großen Städte Wien und Prag. Als wir an ein Bächlein kamen, nahm er mich um die Mitte und hob mich hinüber; dabei hatte sich seine Hand zufällig in meine Hosentasche verrannt, so dass ich sagte: „Er wird mir doch meinen Geldbeutel nicht stibitzen wollen!"

In einem Gasthaus lud er mich ein zu Wein und Schweinsbraten, als es zum Zahlen kam, fuhr er in seinen Säcken herum und tat einen Fluch um den anderen. Der Unglückliche bat mich traurig, dass ich einstweilen für ihn zahle; und diese Bitte riss ein gutes Drittel von dem Inhalte meines Geldbeutels hinweg. Verstimmt ging ich zur Stadt hinein, da kam ein Mann mit Säbel und funkelnden Rockknöpfen auf uns zu und fragte den Burschen nach dem Pass. Er hatte nichts dabei und der Mann führte meinen Genossen mit sich ab. Allein ging ich weiter durch das Geidorf herein, wo mitunter schon ein recht schönes Haus stand, aus welchem Musikklänge auf mich niederkamen. An den Türen der Wirtshäuser waren allerlei Sachen aufgeschrieben, die man drinnen bekommen konnte und der Preis dabei, sodass man die Rechnung auch ohne den Wirt machen konnte. An den Bäckerhäusern stand zu lesen: „Dreimal frisches Gebäck." Ich dachte: wozu die Umstände? Endlich stand ich dort, wo man die Herrlichkeit sieht. Ein weiter grüner Platz und rundum lauter prächtige Häuser und inmitten der Schlossberg. Um Gottes Willen. Die Menge Leute dort! Ist denn was geschehen? Kirchtag war in Graz – ja noch mehr, der Tandelmarkt, von dem ich daheim schon so vieles und Wunderliches erzählen gehört hatte, wurde just abgehalten. Damals war der Grazer Fetzenmarkt noch in seiner Blüte. Zweimal im Jahre, und zwar in Verbindung mit den zwei großen Jahrmärkten in Graz, welch' letztere aber nicht auf dem Glacis, sondern auf dem Lendplatz abgehalten, wurde der Fetzenmarkt abgehalten – jedes Mal dauerte der Fetzenmarkt zwei Tage lang. Damals ging der Fetzenmarkt vom Zirkusgebäude (Stadttheater) fast bis an die Stelle, wo heute der Stadtparkbrunnen steht. Das war ein Meer von Menschen, Buden und Fetzen. Wenn man ein paar Jahrmärkte zusammenstellt, und ein Volksfest hinein und Dutzend Schnaps-, Käse-, Salami-, Kaffeeboutiquen und etliche dreißig Trödlerhütten und inzwischen jedes noch übrige Stückchen des grünen Erdbodens mit Fetzen und Gerümpel düngt und säet vornehme Stadtherren und Stadtfräulein, Bauernvolk, Krämervolk, Studenten, Taschenspieler, kroatische Zwiebelhändler, Juden, Soldaten und ein paar hundert Bettler hinein – so hat man den Fetzenmarkt beisammen. Gewinnsucht und Elend, Lustbarkeit und Hunger fanden sich ein; es war, als ob der Herrgott eine ganze Welt mit Reich und Arm in Fetzen zerrissen, durcheinandergemengt und auf das Grazer Glacis hingestreut hätte. Oh, was war in dem bunten Trödel für Menschenleben, Menschenglück und Unglück durcheinandergeschüttelt. Verkommene, abenteuerliche Gestalten, die man selbst in der Stadt das ganze Jahr hindurch nicht zu Gesichte bekommt, sind aus ihren Schlupfwinkeln hervorgefahren und wandeln, huschen, lungern auf dem Fetzenmarkte herum und machen Geschäfte nach ihrer Art. So ist dieser sonderartige Markt, wie ihn außer Graz nicht leicht eine Stadt aufweisen wird, zum Tummelplatz für alle Stände und zweifelhaften Unternehmungen geworden. Andererseits ist doch der Fetzenmarkt wieder eine wohltätige Gelegenheit für jene armen Leute, die von Zeit zu Zeit ein kleines an Trödel und Fetzen erübrigen, um ohne Zwischenhändler dafür einige Groschen einzunehmen. Ich wollte mich schon entfernen, da sah ich auf dem Fetzenmarkt plötzlich meinen Handwerksburschen von gestern wieder. Wie er der Behörde entkommen ist, das weiß ich nicht; er feilschte eben um einen grauen Tuchrock. Er wollte jedoch die sechs Gulden nicht dafür bezahlen, der Rock schien nicht drei Gulden wert zu sein, obwohl der Verkäufer meinte: „Nur, weil heut' der heilige Ägyditag ist, lass' ich ihn um fünfe." Trotz der schönen Rede wollte sich der Handwerksbursche wegwenden, da blieben seine Augen plötzlich daran hängen. Er befühlte ihn noch eine Weile, obwohl ein guter Stoff, ließ ihn aber nicht mehr aus den Händen und zahlte. Ohne sich noch einmal umzusehen, machte er sich davon. „Hast du's gesehen?", lachte der Kleiderhändler zu seinem Nachbar, „wie mir jetzt wieder einer aufgesessen ist? Eine alte Brieftasche habe ich in den Rocksack getan, kaum hat er sie bemerkt, hat er angebissen. Der wird Augen machen, wenn er die Brieftasche untersucht und auf dem Zettel das Wort ‚Spitzbub!' liest, ha, ha!"

Ich ging meines Weges und pries insgeheim die Gerechtigkeit des Schicksals, welche an dem Strolche heute schon bestrafte, was derselbe gestern an mir gesündigt. Freilich hätte ich es treffender gefunden, wenn ich wieder zu meinem Gelde gekommen wäre, anstatt dass der schlaue Kleiderhändler den Profit einstrich; aber das Schicksal ist ja blind und selbst in der „Klinik" zu Graz gibt es keinen Doktor so hoch studiert, dass er diesem Blinden zu seinem Augenlicht verhelfen könnte – während ich meine schwachen Augen durch das Schauen der Welt heilte und mit erweitertem Gesichtskreise wieder heimkehrte in das Tal der Wälder.

(Quelle: Auszug aus „Heimgarten" Nr. 1 Oktober 1876, I. Jahrgang)

Der Schöckel-Kobold

Es gibt auch hin und wieder alte Bauern um den Schöckel herum und auch sonst noch da und dort in den einschichtigen Gehöften im Murtale, die so manches wissen, was anderen Menschen unbekannt ist und unbekannt bleiben wird. Sie kennen alle Heil-, Wunder- und Sympathiemittel gegen diese oder jene Krankheit, sie wissen, wo Schätze verborgen und wie man sie heben kann und dergleichen seltsames Zeugs mehr. Auch Wetter zaubern können sie, und wenn eine lang andauernde Hitze im Lande herrscht und die heißen Sonnenstrahlen alles auf den Feldern und in den Gärten zu versengen drohen, so wissen sie sich zu helfen, um einen das Erdreich befruchtenden Regen vom Himmel herabgeschickt zu erhalten. Es gibt dafür allerhand Mittel, aber eines ist darunter, das soll das Beste sein. Es nehmen nämlich die Bauern ein irdenes Krügel, füllen es mit Wasser aus ihrem Brunnen oder auch aus der Mur, wenn diese nicht weit von ihrem Heimwesen vorbeifließt, tragen dann das Krügerl mitsamt dem Wasser bis auf die Höhe des Schöckels und schütten es da in das Wetterloch. Dieses Mittel soll probat sein, wenigstens wenn es nicht hilft, schadet es auch nicht. In der Regel aber kommt schon am dritten Tage dann ein Regen, so ausgiebig, wie man ihn sich nur von Herzen wünschen kann.

Es macht dies, so glauben viele, der Schöckel-Kobold, ein neckischer Geist, welcher im Inneren des Schöckels hause. Andere aber sagen, dies täte nur die Schöckelhexe, welche mit des Teufels Urgroßmutter nahe verwandt sein soll.

Einmal war wieder ein recht heißer Sommer, so heiß, dass es rein nicht mehr zum Aushalten war. Alles wurde dürr wie Stroh, das Laub auf den Bäumen, das Gemüse in den Gärten und die Wiesen waren ganz braun schon, wie versengt. Da gingen nun mehrere Bauern aus verschiedenen Gegenden des Grazerfeldes auf den Schöckel hinauf. Keiner wusste anfangs vom andern etwas. Jeder hatte daheim in aller Stille sein Krügel gefüllt und war mutterseelenallein vom Hause weggegangen. Aber unterwegs, als sie den Berg hinan stiegen, kamen sie zusammen und, da alle miteinander eines Sinnes waren, so wurde alsbald Freundschaft geschlossen, dabei gelacht, geredet und allerlei Kurzweil getrieben. Und es war schon gefehlt, aber noch größer war der Fehler, dass die Bauern nicht mehr auf ihr Krügel Acht gaben, sodass also das meiste Wasser unterwegs ausgeschüttet wurde und einige gar mit leeren Gefäßen oben beim Wetterloch ankamen. Da sahen sie nun eine gewaltige Rauchsäule emporsteigen, einzelne Feuerfunken wurden mit Gewalt in die Luft getrieben und ein eigentümlicher schwefeliger Gestank verbreitete sich ringsumher. Schon wollten die Bauern entsetzt wieder umkehren, da bemerkte einer von ihnen ein kleines Geschöpf, welches sich lustig am Rande des Wetterloches hin und her bewegte. Er trat sachte näher und sah nun ein spannlanges zierliches Männchen in einem grasgrünen Kleide mit einem

Das bedeut gut Artzney nemen/
Das bedeut gut Kinder entwenen/
Das bedeut regen vnd feucht wetter/
Das bedeut vnstet/mittelmessig wetter/
Das bedeut windig vnd vngestüm/
Das bedeut Donner vnd Vngewitter/
Das bedeut kalt vnd kül wetter/
Das bedeut schnee.
Wenn die Zal vor dem newen/vollen Monschein / oder Viertel stehet/ so gefelt er vormittag/ Stehet die Zal hernach/so gefelt er nachmittag.

roten Käppchen, darauf eine himmelblaue Feder wallte; in den zarten Händen hatte es eine sonderbar geformte Feuerzange, mit der es emsig hin und her schürte. Das Männchen war in seine Beschäftigung so vertieft, dass es den Bauern gar nicht mehr bemerkte, auch dann nicht, als dieser immer näher heranschlich und endlich seine feste Hand ausstreckte, um es zu erfassen.

Da war es nun freilich schon zu spät zum Entrinnen, da half kein Zappeln mehr; fiel auch das rote Käppchen mitsamt der schönen blauen Feder vom blondgelockten Köpfchen zur Erde; entschlüpfte auch die zierliche Feuerzange den kleinen zarten Händchen, das Männchen selbst in seinem grasgrünen Röckchen blieb in der nervigen Faust des Landmannes, welcher da drohte: „Wenn du mir, kleiner Knirps, nicht sagst, wo die Tür zum Schöckelschatz in der weißen Wand ist, so drücke ich dich zusammen wie eine Mostbirn!"

Darauf jammerte das Männlein: „Halt' mich nicht so fest, lieber Bauersmann; mir geht ja fast der Atem aus und wie kann ich dir dabei was erzählen. Ich ersticke fast! Geh' lass mich frei und ich will dir alles sagen, was ich weiß!"

Das gefiel dem Bauern und er dachte sich: „Holla, jetzt erfahr' ich, wo der reiche Schöckelschatz verborgen liegt!" Also riss er zuerst die Augen weit mächtig auf und spitzte die Ohren und dann öffnete er die Faust, sodass das grüne Männlein nun frank und frei auf der flachen Hand dasaß.

Es blinzelte gar lustig mit den hellen Äuglein, lächelte recht schelmisch und sagte dann: „Wenn die Bauern wüssten, wozu das Kreuz in der rußigen Schale taugt und wie groß der Schatz im Schöckel ist, sie würden denselben mit Schultern abtragen." Sprach's, machte ein Sprüngchen und hüpfte in's Wetterloch; der Bauer und seine herbeigekommenen Kameraden hatten nun das Nachsehen und machten ein verdutztes Gesicht nach dem andern. Das Rauchen aus dem Schöckelloche hörte nun plötzlich auf und ein höhnisches Gelächter tönte aus der Tiefe herauf zu den Ohren der geäfften Landsleute, welche missmutig den Rückweg antraten.

Ob sie ihren eigentlichen Zweck erreicht hatten, ob es drei Tage später auch wirklich geregnet hat, das weiß niemand, aber es wird schon so gewesen sein.

(Quelle: „Heimgarten", Hanns von der Sann, Nr. 1 Oktober 1876, I. Jahrgang)

Anekdoten und Zitate

Peter Rosegger verfasste im Laufe seiner Schaffenszeit zahlreiche Anekdoten und Texte zu vielseitigen Themen und Begebenheiten. Eine der hervorstechendsten Eigenschaften von Rosegger war sein Humor, der dem Leser seiner Geschichten – manchmal auch in versteckter Form – begegnete und der ihn zu einem der beliebtesten Volksschriftsteller seiner Zeit im deutschsprachigen Raum machte. In diesen Humor verpackte er sehr gerne manch ernstes, kritisches oder tragischen Thema, um es so seinem Publikum schmackhaft zu machen. Viele Jahre hindurch hielt er seine lustigen Vorlesungen im In- und Ausland, vor einfachen Leuten wie auch vor hohen Adeligen und Angehörigen des Kaiserhauses, was seine Popularität steigerte.

Mit seinen Zitaten wendete er sich an seine Leser zu Themen, wie Wahrheit, Rücksicht und Toleranz im menschlichen Zusammenleben und zeigte auf, welche Stücke das Leben in Wahrheit spielte, jedoch in seiner Wahrheit. Natürlich schuf er sich damit nicht nur Freunde und es war ihm sehr wohl bewusst, dass es an Feinden nicht fehlen werde, doch dass diese ihn in seinem Wirken auf dem rechten Weg nur bestärken würden.

Ortsansicht von Langenwang im Winter.

Ohne viel darüber nachzudenken, ob ihm seine Wahrheiten schaden könnten, griff er an und etliche schlugen zurück. „Von der Bettelhaftigkeit unserer Studenten" sorgte für Feinde bei den Grazer Universtäten und die Wiener verübelten ihm den Vorwurf der „Übertreibungssucht und des Wortheldentums". Als Siebzigjähriger meinte Rosegger zu seinen Predigten, dass diese zum Teil richtig gewesen seien, nicht aber, wie er sie gehalten habe: „Mit zu viel Zorn nämlich und zu wenig Humor", und weiter, „Die Wahrheit hab ich immer gesucht, dem Guten und Schönen immer zugetrachtet. Das, was ich für wahr und recht hielt, freimütig ausgesprochen."

Gut gemeinte Wahrheiten

Das wirklich Beste des Stadtlebens mit dem Besten des Landlebens zu vereinigen, das wäre die Blüte der Kultur.

Eine Eigenheit solcher Leute, die sich die Zeit nicht zu vertreiben wissen, ist die, dass sie – für nichts Zeit haben. Sie eilen und hasten immer. Es ist die Langeweile, die sie jagt.

Von sich selber eine sehr gute Meinung zu haben, ist eine sehr schlimme Sache. Je höher man sich selbst schätzt, desto geringer wertet man andere, wie im Gegenteile die Menschenachtung stets zur Demut führt.

Eine Art von Wahrheit gibt es, die wir nicht entbehren können, die zu unserer sittlichen Größe absolut notwendig ist. Es ist die Redlichkeit, die Offenheit, die Treue.

Vor lauter Weltgenüssen haben die Leute keine Zeit mehr, sich selbst zu genießen, die natürlichen Fähigkeiten zu betätigen, die Harmonie des Lebens zu empfinden, ohne Hetze und Gier heitere Daseinsfreude zu fühlen.

(Quelle: Peter Rosegger, Auszug aus „Waldheimat",
Gesammelte Werke, Leipzig 1914)

Gut gemeinte Wünsche

Den Mitmenschen Freude zu machen, ist doch das Beste, was man auf dieser Welt tun kann.

Ein bisschen mehr Friede und weniger Streit, ein bisschen mehr Güte und weniger Neid, ein bisschen mehr Liebe und weniger Hass, ein bisschen mehr Wahrheit – das wäre was!

Das Beste, was wir uns antun können, ist, das, was wir nicht haben können, möglichst zu übersehen, und das, was wir haben, möglichst hoch im Wert zu halten.

Es gehört nur zu allem ein wenig Bescheidenheit und Genügsamkeit, will man auf dieser Welt etwas Glück und Befriedigung erjagen.

Demütig und in die Seele hinein glücklich ist man, wenn man sieht, wie wenig es bedarf, um sich des Lebens zu freuen.

Überall im Leben ist ein steter Wechsel von Schatten und Licht und jedes Übel bringt uns neue Anwartschaft auf Gutes; wer diesem Guten entgegenhofft, der genießt schon im Vorhinein die Zinsen eines noch nicht fälligen Kapitals.

(Quelle: Peter Rosegger, Auszug aus „Waldheimat“, Gesammelte Werke Peter, Leipzig 1914)

Die Geschichte vom Sechserl

In Erinnerung an seine eigenen „Jugendsünden“ zeigte der Dichter später viel Verständnis für die kleinen Späße und Streiche der eigenen und fremden Kinder, an denen er sich sogar manchmal selbst beteiligte. Ein besonderes Erlebnis mit Peter Rosegger hatte der kleine Peperl vom Nachbarn Paller. Der Paller Peperl besaß nämlich eine Steinschleuder und im Park der Rosegger-Villa hatten sie viele bunte Glaskugeln zwischen den Rosenstöcken aufgestellt. Die Frau des Dichters hatte ihre große Freude daran, er selbst jedoch konnte sie nicht leiden und empfand sie mehr als kitschig, bezeichnete sie sogar als Verschandelung der Natur. Als er nun eines Tages den Peperl auf der Wiese neben dem Park mit seiner Steinschleuder sah, winkte er ihn heran. „Pass auf!“, flüsterte er ihm zu, „Ich weiß was Schönes, worauf du schießen kannst. Die bunten Glaskugeln dort vor dem Haus bei den Rosen.“ Der Peperl schaute den Dichter verwundert an. „Ja, für jede, die du herunterschießen kannst, kriegst du zur Belohnung von mir ein Sechserl.“ Peperl fragte den Dichter, ob das sein Ernst sei. „Doch, doch! Nur gib Acht, dass dich meine Frau dabei nicht erwischt, die darf von unserer Abmachung natürlich nichts wissen!“ Ein Sechserl, das war jene seltsame Münze vor dem Ersten Weltkrieg, die die Wertbezeichnung „Zwanzig Heller“ aufgeprägt hatte, zehn Kreuzer galt und in Erinnerung an das frühere ähnliche Geldstück zu sechs Kreuzern immer noch im Volksmund „Sechserl“ genannt wurde. Für einen Buben bedeutete der Besitz eines Sechserls schon sehr viel und so ließ es sich der kleine Paller Peperl nicht zweimal sagen, schlich noch zur selben Stunde an den Gartenzaun heran, spannte seine Schleuder an und der Stein sauste los – klick und klirr! Die große blaue Glaskugel zersprang in tausend Stücke.

Das Sommer- und Sterbehaus in Krieglach.

Aber, oh Pech, der Peperl hatte vergessen aufzupassen, dass ihn niemand sah. Roseggers Gattin hatte ihn längst vom Fenster aus beobachtet und nichts Eiligeres zu tun, als zu seinem Vater zu laufen: „Der Knabe hat mir eine Glaskugel zerschmissen! Ihr Sohn muss bestraft werden dafür!“ Was der Vater Paller prompt erledigte, indem der dem Buben eine gehörige Tracht Prügel verpasste. „Aber, aber der Herr Rosegger hat mir's doch angeschafft“, versuchte sich der verzweifelte Bub zu rechtfertigen, „er hat mir doch für jede Glaskugel ein Sechserl versprochen ...“ „Was? Lügen willst jetzt auch noch?“, erwiderte der zornige Vater, der das natürlich nicht glauben wollte, und es setzte eine weitere Tracht Prügel. Die „Exekution“ war kaum vorbei, Peperl rieb sich den arg betroffenen Körperteil und jammerte dabei, als Peter Rosegger im Garten auftauchte. Er war eben heimgekommen und hatte von dem Vorfall mit der Glaskugel gehört. „Der Bub hat seine gerechte Strafe bereits bekommen“, erklärte Vater Paller. „Oh weh“, darauf Rosegger, „da bin ich jetzt wohl zu spät gekommen.“ Er zog seine Geldbörse hervor. „Komm her, Peperl, da hast du das Sechserl, das ich dir versprochen hab'. Eines ist für's Z'sammenschießen und da hast ein zweites, das ist das Schmerzensgeld für's Durchhauen.“

(Quelle: Auszug „Heimgarten“, 3. Heft, Dezember 1885, X. Jahrgang)

Ein unbekannter Besucher

Peter Rosegger war ein sehr liebenswürdiger und geselliger Mensch, der sehr gerne Freunde und Gäste um sich hatte. Wieviele Besucher jährlich im Sommer in seinem Landhaus aus- und eingingen, zeigte eine Tagebucheintragung vom 20. Oktober 1906, in der es heißt: „Nach dem sehr lückenhaften Fremdenbuch und meinen Aufzeichnungen kamen während der letzten fünf Sommermonate in mein Haus 219 persönliche Besuche. Etwa 90 dieser Besuche blieben nicht über eine halbe Stunde oder eine Stunde. Ein größerer Teil nahm bei uns mehrtägigen Aufenthalt."

Wenn der Dichter allerdings an einem größeren Werk arbeitete, brauchte er Ruhe und Abgeschiedenheit zur Konzentration. Wenn so ein Buch mitten im Werden war, kam ihm jede Störung unwillkommen und Rosegger war für alle ungenießbar, eingeschlossen die eigene Familie. Da lebte er nur in seiner Phantasiewelt.

So war es auch, als er Mitte der Achtzigerjahre in Krieglach an seinem großen Waldbauernroman, „Jakob der Letzte", arbeitete und eines vormittags das Dienstmädchen, eine Visitenkarte in der Hand, meldete, ein fremder Herr sei draußen und wünsche den ehrenwerten Dichter zu sprechen. „Ein fremder Herr?", Rosegger sah verwundert von seinem Manuskript auf, „Was gehen mich fremde Herren an?" Da stand der nicht vorangemeldete Besucher auch schon in der Tür. Das Dienstmädchen legte schüchtern die Visitenkarte auf den Schreibtisch und verschwand im Haus. Rosegger musste sich jedoch den Eindringling nun ansehen: ein untersetzter Mann mit schönem blondem Vollbart, hoher Stirn, dunklem Gesicht, blitzenden Augengläsern, einen grauen Überrock über der Achsel, einen lichten Sonnenschirm in der Hand. „Ich will nicht lange stören", erklärte der Fremde, indem er sich den Schweiß von der Stirn trocknete, „ich wollte Ihnen nur melden, dass wir heuer im Sommer Nachbarn sind …", und erzählte, dass er jetzt drei Stunden von Mürzzuschlag herübergepilgert sei, wo er sich für einige Wochen niedergelassen habe. Der Aussprache nach schien er Norddeutscher zu sein.

„Schön", erwiderte Rosegger, der innerlich bei seinem „Jakob dem Letzten" weilte, zerstreut, „und wünschen Sie noch was?" „Nein …", antwortete der Fremde knapp und ein wenig verwundert über Roseggers karges Verhalten. „Na, dann hat's mich sehr gefreut …" Ein Händedruck, eine Bewegung zur Tür und schon war der ungebetene Gast aus dem Haus und Rosegger wieder an seinem gewohnten Arbeitstisch. Plötzlich stürzte seine Frau mit großer Freude ins Zimmer des Dichters, der nicht sehr begeistert darüber war. „Du, stell dir vor, wer jetzt durch unseren Garten gegangen ist. Brahms! Johannes Brahms! Es kann nur er gewesen sein, nach seinem Bild!"

Rosegger greift verlegen nach der bisher unbeachtet gebliebenen Visitenkarte. „Doktor Johannes Brahms" Der Mund blieb ihm offen, denn der hinauskomplimentierte

Fremde war tatsächlich der große Meister der Töne gewesen, von dem die ganze Familie Rosegger schwärmte! „Er war bei mir, hat mich besucht“, stöhnte Rosegger auf. „Auf diesem Stuhl ist er kurz gesessen, und ich – ich hab’ ihn nicht erkannt!“

Da ruft seine Frau laut auf: „Du bist ein ... Nach lauf ihm auf der Stell’ und bringst ihn zurück!“ Rosegger lief ihm jedoch nicht nach, so sehr schämte er sich, dass es ihm unmöglich war. Selbst zu einem Buß- und Bittgang nach Mürzzuschlag fehlte ihm vorerst der Mut. Erst am nächsten Morgen raffte er sich dazu auf. Als er dann in Mürzzuschlag angekommen, nach Brahms Ausschau hielt, hieß es: „Wir wissen nicht, was los ist. Der Doktor ist gestern von einem Ausflug verärgert heimgekommen, hat seine Sachen gepackt und ist abgereist ...“ Rosegger hatte leider nie wieder die Chance, persönlich auf Brahms zu treffen.

(Quelle: Auszug aus „Mein Weltleben“, Leipzig. Staackmann, 1898)

Das Kranksein

Asthma begleitete Rosegger sein Leben hindurch und fesselte ihn oft über Wochen an sein Heim und Bett, so dass er keine Spaziergänge und Reisen unternehmen konnte. Seine Frau pflegte den ungeduldigen Patienten aufopfernd und so erzählt Rosegger darüber: „Tagelang lag ich dahin in der Krankheit. Um gar nichts kümmerte ich mich, alles war mir recht. Ich schlief gut und träumte schön. Es war ganz behaglich. Endlich begann mir langweilig zu werden. Ich lag schlecht, allerhand tat mir weh, die Medizin war widerlich, mein Befinden wurde schlechter statt besser. Dass die Ärzte doch gar nichts vorwärtsbringen!“

„Gottlob!“, sprach der Arzt. „Wir sind nun über dem Berg! Er schimpft schon!“

Eines Tages besucht mich ein Freund, wie ich gerade im Zimmer auf dem Sofa liege. Er tadelt mich wegen des geschlossenen Fensters. „Lass doch sonnenwarme Luft in deine dumpfige Höhle! An so einem Frühlingstag! Mach’ die Fenster auf!“

Ich mache die Fenster auf. Eine knappe Viertelstunde später kommt ein zweiter Freund: „Wie geht es dir, armer Zimmerarrestant? Aber, mein Gott, bei offenem Fenster so dazuliegen! In dieser tückischen Märzluft! Da kann dein Katarrh natürlich nicht heil werden. Ich bitte dich, mach’ zu!“ Da mache ich schleunigst das Fenster zu. Ein dritter Besucher rät mir dringend, ins Freie zu gehen. „Nichts heilsamer für die Brust, als freie, frische Luft. Deshalb geht man ja auch nach dem Süden!“ Ich gehe hinauf in den Stadtpark. Der erste Bekannte, der mir dort begegnet, schimpft über meinen Leichtsinn, in so einem Zustand auszugehen. Lieber sich ins Bett legen und eine paar Tage tüchtig schwitzen! Ich gehe zurück in die Wohnung, lege mich ins Bett und schwitze. Der nächste Freundesbesuch findet mich recht erschöpft vor: „Ich glaube, Liebster, du nährst dich nicht ordentlich. Tüchtig essen; wenn du erst gekräftigt bist, heilt der Brustkrampf von selbst." Hernach esse ich mit dem großen Löffel. Genau das missbilligte mein nächster Besuch. „Das ging dir just noch ab, dass du dir den Magen verdirbst! So halte doch ein bisschen Diät!" In ähnlicher Weise wusste jeder einen gut gemeinten Rat für mich. Der eine rät mir warme und doppelte Kleider, Wärme sei Kraft. Ich ziehe drei Beinkleider und einen Pelz an. Der andere ist für leichten, luftigen Anzug, weil auch die Poren der Haut atmen wollen. Ich hole mein Sommergewand hervor. Und so weiter.

Mitten in diesem sinnigen Wechsel ist das einzig Beständige mein Brustkrampf. Der hat Ehrgefühl, ist ein Charakter und ändert sich nicht. Es wird am klügsten sein, wenn auch ich treu zu ihm halte, einen verlässlicheren Kameraden finde ich nicht mehr.

(Quelle: Auszug „Heimgarten", 6. Heft, März 1886, X. Jahrgang)

Das wilde G'jaid

Fortschritt, Fortschritt! ist der Ruf der Zeit,
ja, wohin denn?
Ist das harsche, wüste, wilde G'jaid
Ein Gewinn denn?
Hoffnung und Enttäuschung, was, ihr Leut',
wollt ihr sonst noch finden?

Es muss doch arg langweilig sein auf der Welt, weil die Leute so viele Dummheiten machen. Auch die Gescheitesten. Aus Langeweile, wie es scheint, nur um etwas zu tun zu haben, wo möglich, etwas Außergewöhnliches. Zu den Lebensbedürfnissen gehört ja die Dummheit nicht, sie ist reiner Luxus. Und oft ein recht kostspieliger.

Mein Vater hatte eine gute Kornmühle. Sie mahlte alles, was wir zu mahlen hatten, aber mir war sie nicht genug. Ich baute mir am Bachrand eine zweite Mühle, eine ganz kleine, bei welcher das Rädchen ging, dass es eine Freude war. Diese neue Mühle hatte nur den einen Fehler, sie mahlte nichts. Sie war ganz überflüssig, ich aber fiel bei ihrem Betriebe in den Bach und wäre beinahe ertrunken. – An solches Kinderwerk erinnert manche Großtat unserer Zeit. Sie geschieht nicht des Bedarfes willen, sie geschieht zur Probe des Könnens oder wegen des Wettstreites oder weil überschüssige Kraft und Zeit da ist oder aus Hang nach Veränderung. Wer ein bequemes Haus zehn Jahre lang bewohnt hat, der pflegte sonst in dasselbe hineinzuwachsen, sich so an die trauten Verhältnisse und Einrichtungen zu gewöhnen, dass er drin wohnen blieb, womöglich bis zum Lebensende. Heute nicht mehr so. Heute strebt einer im elften Jahre oder schon früher eine Veränderung an, und zwar oft aus dem einen Grunde, weil es zehn Jahre lang unverändert gewesen war. Entweder es ist ihm die Tür zu weit oder das Fenster zu eng; oder es ist ihm die Stube zu klein, er lässt durchbrechen, oder sie ist zu groß, er lässt daraus zwei Kabinette machen. War der Ofen bisher weiß, so soll er nun braun oder grün sein, war er grün, so vertauscht man ihn für einen weißen. Hatte der Mann Öllicht, so will er Gas, hat er die Gasflamme, so denkt er ans elektrische Licht. Hat er einen Wagen, so ist ihm ums Reiten, und hat er ein Reitpferd, so kauft er sich ein Zweirad. Aber ein Automobil wäre ihm noch lieber. Wer auf dem Automobil sitzt, denkt an eine Flugmaschine. Wünschest du mehr Beispiele, so schaue bloß um dich: die ganze Welt ist ein einziger Beispielkasten für die Sucht nach Neuem.

Es hat wirklich manchmal den Anschein, als täten sie's aus reiner Langeweile, bloß um sich zu beschäftigen, damit die Zeit vergeht. Die Spielerei, wenn man so sagen dürfte, ist manchmal großartig, bisweilen aber dreist und gefährlich. Zum Beispiel: sie nehmen den Leuten, die davon leben sollen, die Arbeit weg und halsen sie den mit großen Kosten gezähmten, seelenlosen Naturkräften auf, die sich doch nichts zu verdienen brauchen. Sie bevölkern die unfruchtbaren Steinhaufen der Städte mit Millionen Bewohnern und lassen das fruchtbare Land zur Wüste werden. Sie schaffen riesige Verkehrsmittel durch alle Länder und besetzen die Grenzen mit Zollschranken und Soldaten. Sie pflegen den nationalen Gedanken und erdrücken die Nationen mit ungeheuren Kriegsheeren. Ist in diesen Bewegungen ein großes Prinzip? Nein. Es ist nicht das der Erhaltung und ist nicht das der geistesbewussten Entwicklung. Es ist der rüde, elementare Kampf zwischen der alten Beständigkeit und der modernen Vielfältigkeit. Die Menschen können nichts dafür, sie werden so dahingerissen, sie glauben der Wille zu sein und sind schließlich das Werkzeug. Nur einzelne stehen abseits und machen sich ihre Gedanken.

Ich weiß von einem ruhelosen Mann, einem wunderlichen Glückssucher. Er hat sein Genügen auf dem Meere gesucht und im Luftballon, in der Gewehrfabrik und im Grafenschloss; und gesehen hat er das Glück endlich von ferne in einem schwarzen Kaninchen mit schwefelgelben Ohren, aber erwischt hat er's doch nicht. – Der Mann hatte das Schmiedegewerbe gelernt und brachte es bald zum findigen Schlosser, der neuartige Schlösser machte und einbruchssichere Truhen für Wertsachen baute. Dann erzeugte er Schusswaffen, gründete eine Fabrik, vergrößerte sie, verbesserte seine Produkte und verkaufte endlich alles an eine Aktiengesellschaft. Dann baute er große Stadthäuser, vornehme Schlösser, gewaltige Brücken, daneben eröffnete er Bergwerke, errichtete Hochöfen, gründete Eisenbahnen, baute Schiffe und, als derlei im Betriebe war, verlieh er es und machte eine Reise um die Welt. Als ihm alles langweilig geworden, befasste er sich mit dem Problem des Luftballons, konstruierte ein lenkbares Luftschiff und fand das Prinzip des Fliegens. Nachdem er seine zahllosen Erfindungen mit Privilegien belegt hatte, übernahm er eine große

◂ *Das Wetterkreuz am Brunnsteig.*

Tuchlieferung für die Armee. Dann suchte er um den Adel an und erhielt ihn. Und nun heiratete er eine alte Gräfin, die auch ihre Ahnenburg mitbrachte, welche der stolzeste Bau des Landes war. Als nun all das geschehen war, ward ihm die stolze Burg und die alte Gräfin zuwider und er kaufte sich ein kleines Bauerngut, arbeitete in demselben wie ein Häusler und begann eine Kaninchenzucht. Er wohnte in der Hütte und sann Tag und Nacht auf die Hervorbringung einer Abart von Kaninchen, die schwarze Leiber und schwefelgelbe Ohren hatten. Er veredelte in aller denkbaren Weise, und als er die Tiere so lange veredelt hatte, dass ein paar Exemplare wirklich schwarze Leiber und schwefelgelbe Ohren hatten, krepierten sie. Nun ging er daran, den Kaninchenstall zu einer Kammer umzugestalten und legte in derselben eine Hufeisensammlung an. Bei diesem Bestreben kam er in Berührung mit dem Schmiedegewerbe, und weil er mittlerweile ein armer, verlassener Mann geworden war, so erinnerte er sich seines ursprünglichen Handwerks, ergriff die Zange und den Hammer und schmiedete Hufeisen und Nägel. Und als Schmiedegeselle von fünfundsechzig Jahren ist er gestorben. – Als er auf dem Sterbebette gefragt wurde, welches in seinem abwechslungsreichen Leben seine glücklichste Epoche gewesen sei, antwortete er mit wehmütigem Lächeln, die glücklichste Zeit sei jene gewesen, als er die Kaninchenzucht betrieben und eine Kaninchenart mit schwarzen Leibern und schwefelgelben Ohren erzielt hatte.

Das nun ist einer von den vielen.

Gar manchmal, wenn ich das Hasten und Drängen der Leute nach neuen, unbekannten Zielen und wunderlichen Erfolgen betrachte, fallen mir die schwarzen Kaninchen mit den schwefelgelben Ohren ein.

Fortschritt! Fortschreiten! – Ja warum denn? Warum wollen wir denn nicht dableiben? Wohin wollen wir? – Gleichviel, nur fort. Was suchen wir? – Neues, immer Neues. Nun sind aber die Neuheiten Eintagsdinge, was heute neu, ist morgen alt und wir kommen niemals zur Ruhe. Daran erkennt man aber auch, dass die Menschheit noch nicht altert, denn die Ruhe ist ihr zuwider, sie will Bewegung. Oder ist es doch ein Zeichen des Greisentums? Viele alte Leute, die sonst behaglich dagesessen, werden unruhig, sie zittern an den Gliedern, sie können an einem Platze nicht bleiben, sie fangen an, hin und her zu gehen, nirgends ist's ihnen recht – und das ist ein Anzeichen, dass es gegen das Ende geht. Vielleicht ist's richtiger so: das Leben will Bewegung. Allein auf Bewegung, scheint es, hat's die Natur abgesehen, darum Schwung und Fallkraft, Sommer und Winter, Hunger und Liebe, Arbeit und Langeweile, Leben und Sterben – immer Gegensätze, die sich gegeneinander rühren müssen. Eigentlich weiter kommt die Welt nicht damit, denn es geht alles immer bloß im Kreislauf. Nur dass sich stets alles bewegt, dass alles fließt, dass alles durcheinander gewirbelt wird, immer andere Formen und doch derselbe Stoff, immer neue Veränderungen und doch dieselbe Wesenheit, dieselbe Kraft, die nicht mehr und nicht weniger wird. Was hat's für einen Sinn? Der Bewegung wegen. Die Bewegung muss also ein großes Ding sein.

Der Mensch aber träumt von Fortschritt, von wohltätigen Veränderungen. Das macht ihm die Natur weis, damit er nicht in Untätigkeit anhebt zu faulen. Die Natur will bloß Bewegung. Wenn es im Menschengeschlecht Revolutionen gibt, so ist das wie Stürme in der Luft, die sich bald wieder ausgleichen, aber immer nur, damit aus der scheinbaren Ruhe sich Bewegungen zu neuen Stürmen entwickeln können. Und immer so fort im Großen und Kleinen – es regt sich, das ist alles.

Das Beständige ist der Mensch in seiner großen, ewigen Seele. Diese darf nicht zerrissen werden, um sie fetzenweise an äußere Dinge zu hängen; vielmehr die äußeren Dinge, die Schätze und Errungenschaften, müssen der Seele zufliegen, so wie Sternensplitter des Himmels in den Sonnenball fliegen, dass er umso herrlicher lodere. Nichts der Dinge wegen, alles des Menschen willen! Das muss der Leitspruch aller unserer Bewegung und Veränderung sein.

(Quelle: Auszug Peter Rosegger, „Das Sünderglöckel", Staakmann Leipzig 1904)

Auf einer Alpenbahn

Am Dorfbahnhof stieg ein Bauernweib ein mit einem Knaben. Als der Schaffner kam, um die Fahrkarten zu märken, schaute der den Kleinen an und fragte das Weib: „Wie alt ist der Knabe?" „Der da?", entgegnete das Weib, „is holt schon im fünften Jahr."

„Da müssen Sie eine Karte nachlösen, Frau!"

Das Weib schaute erschrocken auf. Sie hätte nichts mehr im Sack; zu weinen hub sie an, dass sie nun mit dem Kinde aussteigen sollte.

„Sehn's, so schlimm ist es ja nicht", sagte der Schaffner, „wissen's, wenn der Herr Kontrollor kommt und fragen sollte, so sagen Sie bloß, der Knabe wäre vier Jahre alt."

Da packte die Bäuerin den Knaben: „Na, na, soweit tragt uns d'Lug nit!" Bei der nächsten Station wäre sie ausgestiegen, wenn ihr nicht eine mitfahrende Dame den kleinen Betrag für die Kinderkarte geschenkt hätte. Soweit tragt sie die Lug nit! Und andere trägt sie über Land und Meer!

(Quelle: „Aus alter und neuer Zeit", Wien, Schulbücherverlag 1919,
Beitrag Peter Rosegger)

Als ich noch der Waldbauernbub war

Ich bin daheim auf waldiger Flur,
mein Hüttchen ist ein grüner Baum,
mein Ruhebett der Wiesensaum,
am Herzen der Natur.

Ein Rehlein kommt durch Zweige dicht,
mir dringt ans Ohr sein weicher Laut,
es sieht mich an, es spricht so traut,
und ich versteh' es nicht.

Nun kommt ein blühend Mädchen noch
und sinnend steht es auf der Flur.
Es sieht mir stumm ins Auge nur
und ich versteh' es doch.

(Quelle: Peter Rosegger, „Waldheimat", Band 1: Das Waldbauernbübel, Gesammelte Werke Band 11, Leipzig 1914)

Das Denkmal vom Waldbauernbub in Krieglach.

Als ich reich war

Als ich reich war, passierten mir seltsame Dinge. Doch um, wie es sich für einen anständigen Menschen gebührt, mit dem Anfange zu beginnen, muss ich vor allem berichten, dass ich reich, sehr reich gewesen bin. Aber nicht lange, nur einen Tag hindurch. Es gehört das zu meinen angenehmen Erinnerungen und ich sehe nicht ein, warum ich nicht öffentlich davon sprechen soll. Dass ich es vor allem sage: es handelt sich da nicht etwa um einen der althergebrachten Scherze, wie jeder Erzähler sie manchmal macht, etwa um einen Traum, aus dem man erwacht, oder um eine Phantasie oder sonst um eine Manier, den Leser zum Besten zu halten. Nein, ich schreibe hier nur nieder, was mir wirklich passiert ist, trocken, tatsächlich, ohne Ausschmückung. Ein Gerichtsprotokoll kann sich nicht getreuer an die Wirklichkeit halten. Als ich reich war … Vorher möchte ich feststellen, was vielleicht nicht jeder weiß, dass nämlich heute, gerade so wie ehedem, Erlebnisse eintreten, die von nüchternen Fachköpfen in den Bereich der Münchhausiaden verwiesen werden. Was einer nicht selbst erfahren hat, hält er im Dasein eines anderen für unmöglich. Nur insofern haben die Zeiten sich vielleicht geändert, dass die Märchen nicht mehr so massenhaft sich in allen Straßen herumtreiben wie früher, wie in unserer Jugend. Heutzutage muss man lange warten, bis sie einem in den Weg kommen, man muss an einem besonderen Tag geboren sein, um sie zu finden und zu erkennen. Am besten an einem 29. Februar. Da meine Geburt auf dieses Datum fiel, hat richtig eine Art Märchen in mein Leben sich eingesponnen. Ich war arm, ganz arm. Daraus hätte ich mir nichts gemacht, wenn ich nicht hie und da meine Armut unangenehm verspürt haben würde, so zum Beispiel, wenn ich etwas kaufen wollte, was viel Geld kostete und ich wenig oder gar keines besaß. Überhaupt ist die Armut nur in denjenigen Situationen peinlich, wo der Reichtum einem lieb wäre. Ich war also arm und ärgerte mich manchmal darüber. Es gab Fälle, in denen mich eine namenlose Sehnsucht nach Reichtum überkam, dann dachte ich stundenlang darüber nach, was ich tun könnte, um einen Teil von dem Golde Golkonda's zu erlangen. Einmal brachte ich eine ganze Nacht schlaflos zu, weil ich durchaus ein Mittel wollte, um Millionär zu werden, einfacher Millionär, nicht etwa ein Rothschild. Leider hat die Natur mir keine starken mercantischen Gaben verliehen. Mein vehementer Versuch, mir Vermögen zu erwerben, äußerte sich darin, dass ich ein Epos herausgab. Acht Exemplare sind verkauft, eines ist rätselhafterweise gestohlen worden. Der Verleger hat seinen Weg gemacht; er ist in einem Irrenhaus als einer von dessen geachtetsten Inwohnern gestorben.

Wie ich des Morgens erwache, sehe ich um mich alles verändert. Ich liege in einem Himmelbett von reicher Schnitzerei, das Zimmer ist mit orientalischen Teppichen geschmückt, die ganze Einrichtung zeigt ebenso viel Geschmack wie Pracht. Auf einem Nachtkästchen steht eine silberne Glocke. Ich läute. Ein Diener erscheint und bringt mir ein opulentes Frühstück in edlen, stilvollen Gefäßen. Das Interessante ist, dass ich mich über all das nicht verwundere. Nach einer Minute des Nachdenkens sage ich mir, dass ich offenbar reich geworden bin. Wieso? Darüber sinniere ich nicht weiter und die Gründe tun ja auch nichts zur Sache. Ich verlasse das Bett und will mich einmal informieren, wie ich wohne. Gar nicht übel! Eine Flucht tadellos eingerichteter Zimmer, prächtige Möbel, gute Gemälde, der Anblick auf einen schattigen Park mit alten Bäumen; in meinem Arbeitskabinett eine feuerfeste Kasse. Den Schlüssel dazu trage ich in einer Tasche meines Schlafrockes. Ich öffne sie. Es interessiert mich zu wissen, was ich besitze. Aktien, Renten, Lose, Dokumente über von mir vollzogene Häuserkäufe. Von mir? Nein, in diesen Dokumenten steht ein anderer Name. So bin ich also nicht mehr ich? Man hat mich offenbar umgetauscht, ich bin unterschoben worden. Vor dem Haustor steht der Portier, die Kappe in der Hand, ein Wagen erwartet mich; der Diener blickt mich fragend an. Ich gebe Befehl, in den Prater zu fahren, dann lasse ich vor verschiedenen Läden halten, nur um Zeit zu gewinnen, denn ich möchte ein Mittel ersinnen, um herauszubekommen, wer ich eigentlich bin. Ich fasse in die rechte Hosentasche, sie ist voll von Goldstücken und in der linken trage ich Silbergulden. Als ich an einer Ecke ein armes Weib mit einem Säugling auf der Erde kauern sehe und sie mich um Geld anfleht, weil sie zwei Tage lang nichts mehr gegessen und mit ihrem Kinde zu Grund gehen werde, sagte ich zu dem Weibe: „Ich habe nicht gewechselt." Nun ja, ich konnte ihr doch keinen ganzen Silbergulden schenken! Teilnahmslos für den Jammer von Mutter und Kind gehe ich weiter. Nach einigen Schritten halte ich inne und … erschrecke vor mir selbst. „Um Gotteswillen, habe ich mit der Armut auch mein Herz, mein Mitgefühl verloren? Ich mag den Reichtum nicht, ich will wieder arm sein, arm, wie ich gestern war."

Wenn die Feen und Zauberer einen lieb haben, so gewähren sie einem jedes Verlangen. Kaum hatte ich in besagter Weise gewünscht, als die Erfüllung eintraf. Eine Sekunde und ich war so arm wie je. Und als ich einen elegant gekleideten Herrn streifte, rief dieser mir zu: „Können Sie nicht Acht geben, Sie ordinärer Mensch?" Der unwiderlegliche Beweis, dass sich alles genauso zutrug, wie ich es hier kurz mitgeteilt, liegt darin, dass ich jetzt wirklich kein Geld habe.

(Quelle: „Heimgarten", Februar 1886, X. Jahrgang, 5. Heft)

Auf dem Wege zum Licht

Auf dem Wege zum Licht lasset keinen zurück.
Führt jeden mit euch, der vergessen vom Glück,
Dem die Ampel verlosch, dem die Glut nie gebrannt,
Das Kind, das den leitenden Stern nie gekannt.

Sie taumeln in Nacht und Verlassenheit.
Ihr begnadeten Pilger der Ewigkeit,
Führt alle mit euch in Liebe und Pflicht.
Lasset keinen zurück auf dem Wege zum Licht!

(Quelle: Peter Rosegger, aus der Sammlung „Mein Lied", Staackmann 1911)

Die Berglandschaft von Alpl. ►

Wollte heim in meine Berge

Wollte heim in meine Berge,
um den Frieden zu umfassen,
den ich weltlusttrunken einst im
grünen Wald zurückgelassen.

Gab ihn einem munt'ren Vöglein
in Verwahrung, bis ich käme,
und den süßen Jugendfrieden
wieder an den Busen nähme.

Hab mit meinem heißen Herzen
ruhlos nun den Wald durchzogen.
Doch das liebe munt're Vöglein
ist schon längst davongeflogen.

(Quelle: Peter Rosegger, aus der
„Sammlung der Heimat", Leipzig 1914)

Sommer- und Sterbehaus in Krieglach

Darüber erzählt Rosegger: „Als ich im Jahre 1869 für mein erstes Büchlein „Zither und Hackbrett“ das Honorar von hundert Gulden erhalten hatte, legte ich die Hälfte des Betrages in die Sparkasse. Das war der Grundstein zum eigenen Hause. Acht Jahre später, nachdem ich durch meinen hochherzigen Verleger Heckenast manche Bücher in die Welt geschickt, hatte mein Ersparnis mit Einschluss der Zinsen die Höhe von 4.000 Gulden erreicht. Nun ging ich dran. Nur wenige Stunden von der Tummelstätte meines Kinder- und Jugendlebens, im Dorfe Krieglach, an der Ostseite desselben, erwarb ich einen zwischen Feldern und Wiesen gelegenen Grundstreifen von nahezu einem Joch in der Ausdehnung und auf demselben ließ ich mir von dem Dorfzimmermeister ein Haus bauen.“

Der Hausbau begann nach eigenen Plänen Anfang Juni 1877. Durch vierzig Sommer hatten Rosegger und seine Familie hier ihren Wohnsitz im „Paradies auf dem Lande“. Am 26. Juni 1918 starb Peter Rosegger im Alter von 75 Jahren, seinem letzten Wunsch gemäß, in seinem Krieglacher Sommerhaus im Kreise der Familie. Er fand seine letzte Ruhestätte in einem einfachen, nach seinen Angaben gestalteten, Grab auf dem Ortsfriedhof von Krieglach.

Krieglach

Der Eilzug kennt es nicht, mit einem kurzen Pfiff rast er vorüber. Dass der Eilzug hier nicht hält, sagt mehr, als es scheint. Es sagt, dass Krieglach noch ein ländlicher Ort ist, in dessen Gasthäusern nicht der Kellner steht – hinten mit dem langen Frack, vorne mit der langen Rechnung. Es sagt, dass hier die feld- und waldfrische Idylle noch nicht verdrängt worden ist, weil die Kurierzüge noch keine Börsenjobber ausspeien und die Spatzen auf den Schindeldächern noch keine Kurszettel singen. Krieglach ist ein großes Dorf von hundertzwanzig Häusern und über 900 Einwohnern – die meisten davon Gewerbetreibende und Bauern. Es darf, wenn man die nächste Umgebung mitrechnet, seines stattlichen Eisenwerkes und seiner Grob- und Zeughämmer wegen ein wenig als Industrieort gelten, ohne dass aber viele Schlote die reine Luft verdürben.

Krieglach ist in seiner Anlage und Form ein echt steirisches Dorf. Drei kristallklare Bäche fließen durch den Ort. Die Geschichte verliert sich, wie das bei den meisten unserer Dörfer der Fall ist, im Dunkel des Mittelalters. Die Sage berichtet von einem großen See, der einst vom Ganzstein bis zum Wartberg, also im ganzen oberen Mürztale, gelegen sei. Im See sei oftmals ein schwimmendes Krüglein

Eine Ansichtskarte zur Erinnerung an die Waldheimat.

gesehen worden, in welchem ein Bildnis des heiligen Jakobus gestanden sei. Als der See hernach die Talenge am Wartberg ausgebrochen habe und abgeflossen sei, wäre der Krug neben dem Rinnsal auf dem Sande stehen geblieben, wie die Arche auf dem Berge Ararat. Da hätte sich ein Einsiedler an Ort und Stelle eine Hütte gebaut und den heiligen Apostel, wie nicht minder den Krug, gepflegt und verehrt. Allmählich habe sich dann um diese Hütte ein kleines Dorf angesiedelt, genannt „Am Krügelbach“ – oder Krüglach.

Die Sprachgelehrten wollen von dieser Deutung nichts wissen, nicht Krüglach werde geschrieben, sondern Krieglach, was auf Krieg hinweise. Die Krieglacher wiederum wollen vom Krieg nichts wissen, sondern halten sich lieber ans Krügl. Es wird ja wohl viele Orte, Flecken und Städte geben in unserem teuren Vaterlande, die ihren Ursprung dem Kruge verdanken, der Herberge, dem Wirtshause, das an der Heerstraße gestanden. Krieglach hat, seiner Sage treu, dem Apostel Jakobus eine feste Kirche erbaut und auf den Turm das Krügel gemalt, dessen Kultus also mit Fleiß und Andacht gepflegt wird bis auf den heutigen Tag. Wenn schon der fromme Fischer von Galiläa, der heilige Apostel Jakobus, vorerst einmal im Kruge gesessen und denselben als Kahn erkoren hat, so kann es doch unmöglich ein schlechter Ort sein. Und in der Tat, es wohnt ein guter Geist darin. Der Krieglacher war von jeher im Tale bekannt wegen seines gemütlichen, heiteren, harmlosen und geselligen Wesens. Es gibt auch hier widerhaarige Elemente, wie ja überall, aber das Fähnlein der Aufrechten hält fest und treu zusammen.

(Quelle: Auszug Peter Rosegger, Ausgewählte Schriften, „Spaziergänge in der Heimat“, Hartleben, 1894)

Die Wildfrauengrotte im Freßnitzgraben

Im Freßnitzgraben bei Krieglach liegt eine Höhle, die Wildfrauengrotte genannt wird. Sie war einst sehr geräumig, ist jetzt aber stark zerfallen. Von ihr soll bis zur ehemaligen Burg Lichtenegg bei Wartberg ein unterirdischer Gang geführt haben. Man kann auch heute noch etwa zehn Meter weit in die Höhle eindringen, dann bricht der Stollen plötzlich ab und führt jäh in die Tiefe. Um noch weiter vordringen zu können, braucht man Seil und Fackel. Nur gebückt kommt man in dem sehr niedrigen Gang vorwärts. Die Wände spiegeln im feuchten Glanz. Geröll und Lehm bedecken den Boden. Schließlich sperren Erde und Gestein den Gang vollständig ab. Vor langer Zeit, so erzählt die Sage, wohnten in dieser Grotte sieben Wildfrauen. Sie waren herrlich von Gestalt, trugen Kleider aus blendend weißen Schleiern, ihr langes blondes Haar umhüllte sie wie ein goldener Mantel. Wenn die Abendsonne ihre letzten Strahlen durch das Gezweig der Fichten sandte, saßen sie vor ihrer Grotte und sangen so wunderschön, dass die Vögel verstummten und die Tiere des Waldes stehen blieben, um zu lauschen. Auch die Menschen hielten in ihrer Arbeit inne, wenn sie die Lieder der Frauen hörten und vergaßen dabei alle Sorgen und Mühen des Lebens. Die Wildfrauen waren den Bewohnern hold gesinnt und taten ihnen viel Gutes. Nur musste man sie in ihrer Höhle aufsuchen und dort das Anliegen vorbringen. Dann wussten sie stets Rat und Hilfe. Ihre besonderen Lieblinge waren die Kinder. Hatten sich die Kleinen im Walde verirrt, so erschienen die Wildfrauen und führten sie auf den rechten Weg. Auch den Holzknechten und Waldarbeitern halfen sie gerne in Not. Wer sie gesehen, konnte ihrer nie vergessen und nicht genug von ihrer Schönheit erzählen. Als aber böse Menschen anfingen, sie zu verspotten, jede ehrliche Scheu vor ihnen verloren und man ihren Worten und Liedern nicht mehr so gerne lauschte, zogen sie fort. Die Grotte blieb still und vergessen, um allmählich zu verfallen. Eine Wildfrau stieg einmal durch den Wald ins Tal hinab. Plötzlich sperrte ihr ein großer schwarzer Bock den Weg und bedrohte sie mit seinen langen Hörnern. In der Nähe arbeitete eben ein Holzknecht. Als dieser die Gefahr der braven Frau erkannte, hieb er schnell mit seiner Axt drei Kreuze in einen Holzstamm, der am Boden lag. Die Wildfrau eilte hin und setzte sich auf den Baum. Der Bock machte kehrt und sprang zornig davon. Die Frau dankte ihrem Retter und lud ihn zu sich in ihre Grotte, wenn er je Hilfe nötig haben sollte. Als der Mann später unschuldig ins Elend kam, erinnerte er sich der Einladung und suchte die Höhle auf. Dort wurde er freundlich empfangen und mit einer goldenen Axt beschenkt. Wohin er damit schlüge, würde er einen Schatz finden. Und so war es auch, aus dem armen Holzknecht wurde ein steinreicher Mann.

(Quelle: „Das Mürztal" von Ignaz Storm, Leykam-Verlag, Graz 1931)

Von der Gölkkapelle

Südlich von Krieglach, vom Markte etwa fünfundzwanzig Minuten entfernt, steht am Waldrand die von Wallfahrern gern besuchte Gölkkapelle. An der gleichen Stelle stand vorzeiten ein hölzernes Kreuz, von dem die Sage folgendes berichtet: Kurz vor dem Einbruch der Türken ins Mürztal bemerkten die Leute eines Tages, dass auf dem alten Kreuz frische Blutstropfen sichtbar waren. Auch an den Bäumen rundum zeigten sich solche Tropfen. Die Menschen wussten sich dieses Wunder nicht zu deuten. Als aber bald darauf die Türken nach Krieglach kamen, verschwanden die Blutstropfen; nun wussten sie freilich, dass sie der Himmel mit diesem Wunder vor der drohenden Gefahr warnen wollte. Auch späterhin sollen sich bei Gefahr Blutstropfen gezeigt haben. Das Kreuz wurde dann in einer neuerbauten Holzkapelle aufgestellt und, als immer mehr Wallfahrer erschienen, wurde die Kapelle durch

Die Gölkkapelle in Krieglach.

einen Zubau erweitert. Sie steht an den Abhängen des Gölkberges, wurde 1871 neu erbaut, im Jahre 1881 massiv umgestaltet und von Peter Rosegger gerne als „Waldkirchlein" benannt.

(Quelle: Auszug Franz Brauner, „Mein Steirerland", Graz 1941)

Der Schatz im Ganzstein

Gerne erzählt man sich, besonders um die Weihnachtszeit, in der Umgebung von Mürzzuschlag die Sage vom Schatz im Ganzstein. An der Grenze zwischen Mürzzuschlag und der Gemeinde Ganz erhebt sich ein mäßig hoher, gegen die Mürz steil abfallender Felsen, Ganzstein genannt. In diesem Berge befindet sich eine Höhle, in welcher große Schätze verborgen sein sollen. Ein enger Felsspalt am linken Ufer der Mürz, aus welchem eine kleine, klare Quelle hervorsprudelt, bildet den Eingang zu dieser Schatzhöhle, welche von einem Geiste, dem Ganzstein-Micherl, sorgsam gehütet wird. In gewissen Nächten, zuweilen aber auch bei hellem Tage, soll sich dieser Felsspalt erweitern und man sieht dann an der Quelle den Geist, gewöhnlich in der Gestalt eines kleinen, grauen Zwergleins mit gutmütigem Gesichte, erscheinen. Von manchen, ohne Verschulden in harte Bedrängnis geratenen, Menschen um Hilfe angerufen, schleppt dieser Berggeist aus dem Innern der Höhle schwere Säcke Geldes auf dem Rücken herbei und beschenkt damit die Notleidenden; gar mancher Bauer im Tale und auf den Bergen des Mürzgaues verdankt ihm auf diese Weise noch von Großvaters Zeiten her seinen Wohlstand. Aber so hilfreich der Geist wirklich Bedürftigen beisteht, so schrecklich rächt er sich an jenen, die aus unlauteren Absichten ihn anrufen. Geizhälse neckt er auf eine grausame Weise, und solchen, die an ihn nicht glauben oder seiner spotten, erscheint er in riesenhafter Gestalt; manche wollen ihn auch in der Tracht eines Steinbrechers gesehen haben. Wer ohne Wissen und Willen des Berggeistes in das Innere des Felsen gelangt, der kommt nicht mehr heraus, es sei denn, dass er etwas zurückließe, was er aber dann niemals wiedererhält.

Da lebte nun einmal in der dortigen Gegend eine Hammerschmiedin, die mit ihrer Lage nicht zufrieden war, sich anstatt ihres Kindes lieber ein besseres Leben und viel Geld wünschte, um ihre Gelüste befriedigen zu können. Einst in einer Christnacht ging die Frau, mit ihrem Kindlein auf dem Arme, nach Mürzzuschlag zur Kirche. Als sie zum Ganzstein kam, bemerkte sie, dass sie vom richtigen Wege abgekommen war. Sie glaubte, auf eine Irrwurze getreten zu sein und infolgedessen sich vergangen zu haben; am Ende wusste sie gar nicht mehr, wo sie eigentlich war. Das Rauschen der Mürz, das sie früher so deutlich vernommen hatte, war plötzlich verstummt; im Walde, in den sie geraten war, bewegten sich kleine Lichtlein hin und her und es wurde ihr unheimlich. Endlich bemerkte die Hammerschmiedin in der

GOLD

vom Mondscheine beleuchteten Steinwand des Ganzsteins eine Höhle, worin sich viele Schätze befanden; ein großer Karfunkel erhellte das Gewölbe und in diesem standen zwölf große Fässer, alle mit blinkenden Dukaten vollgefüllt. Als die Frau diese Herrlichkeiten sah, erwachten in ihr alle früheren heimlichen Wünsche. Sie trat in die Höhle, setzte ihr Kind auf einen Stein, füllte nun ihre Taschen und die Schürze mit Goldstücken an und verließ dann die Höhle, um schnell heimzueilen. Unterwegs erinnerte sie sich, dass sie ihr Kind in der Höhle gelassen hatte, und eilte nun hastig zurück. Aber die Hammerschmiedin konnte die Öffnung nicht mehr finden. Jammernd irrte sie die ganze Nacht bis in die frühe Morgenstunde bei der Wand des Ganzsteins herum und bat die Leute, welche zur Kirche gingen, ihr das verlorene Kind suchen zu helfen. Dies war umsonst, die Mutter erhielt ihr Kindlein nicht mehr. Bald darauf fand man in der Mürz den Leichnam der unglücklichen Hammerschmiedin; ihr Haar hatte sich fest um ein paar Baumwurzeln gewickelt. Das Kind im Felsen aber schreit oft um seine Mutter, wie es Leute, welche um die Mitternachtszeit beim Ganzstein vorübergingen, gehört haben.

(Quelle: „Steirisches Heimatheft“ Nr. 3, Franz Brauner, Leykam Graz, 1950)

Mürzzuschlag

Das liebe Volk sagt, der Name Mürzzuschlag komme davon her, weil in jener Gegend die Mirzln zuschlagen. Freilich mag es wohl dort in den Tälern und auf den Bergen schneidige Dirndln geben und zwar „vom besonderen Schlag“. Aber, du lieber Gott, wenn man jeden Ort, wo die Mirzln zuschlagen, Mürzzuschlag nennen wollte, da stünden und lägen im Lande weit mehr Mürzzuschlags als etwa Kirchdorfs und Mareins und St. Johanns zusammen. In Wahrheit aber gibt es auf der ganzen Welt nur ein einziges Mürzzuschlag; es ist auch nicht wahrscheinlich, dass von Auswanderern drüben in Amerika ein Neu-Mürzzuschlag gegründet wurde, weil von Mürzzuschlag keiner auswandert. Es ist daheim zu schön.

Wenn sich über Ortsnamen die Gelehrten streiten, so ist es am besten, man macht sich flugs seine eigene Terminologie und so sage ich, der schöne Punkt am Ganzstein, das frischgrüne Alpental, das zwischen hohen Bergen liegt, heißt Mürzzuschlag, weil die Mürz sich dort zur Reichsstraße schlägt. Der kristallklare Alpenfluss, von den Wasserfällen des Hochgebirges und dem Tau finsterer Wälder geboren, stößt hier nach einem viele Stunden langen Schlangenlauf durch Engtäler an die Straße, an die alte, hochbedeutsame Verbindungslinie zwischen den nördlichen Ländern und Italien, deren Spuren die Räder der Geschichte gefurcht haben. So vereint sich hier die Natur mit der Welt und die ursprüngliche Tatsache hat dem späteren, dem heutigen aufblühenden Mürzzuschlag die Eigentümlichkeit gegeben. Fast in Wien und mitten

Die evangelische Heilandskirche und das Roseggerdenkmal in Mürzzuschlag.

in den Alpen zu sein, welcher Fleck auf Erden bringt das zusammen? Mürzzuschlag, heißt es, sei ein Vorort Wiens geworden. Wien hat Vororte, von denen aus die Stadt mit größerer Umständlichkeit und Unbequemlichkeit erreicht wird, als von unserem Mürzzuschlag aus, dessen Weg über den einzig schönen Semmering und an den Osthängen des Wienerwaldes entlang einen dreistündigen Hochgenuss bietet.

(Quelle: Auszug Peter Rosegger, Ausgewählte Schriften, „Spaziergänge in der Heimat", Hartleben, 1894)

Zu den sozialen Taten, die Rosegger Ruhm einbrachten, gehörte auch der Bau der evangelischen Kirche in Mürzzuschlag. Er versandte im Jänner 1900 an zweiundsiebzig deutsche und schweizerische Zeitschriften einen Aufruf um Spenden für die Erbauung einer evangelischen Kirche in Mürzzuschlag. Der Erfolg war enorm und so konnte am 17. Juni desselben Jahres die Grundsteinlegung und fünf Monate später, am 18. November, die Einweihung der Heilandskirche mit einem Fassungsraum für 600 Personen erfolgen.

Die Sulzen bei Langenwang

Im oberen Mürztal ist ein Berg, dessen Eigentümlichkeit darin besteht, dass er niemandem auffällt. Er steht bei Langenwang als Vorschub der südlichen Bergreihe. Seine höheren Hintermänner heißen Kaiserkogel und Königskogel, sie sind wieder Ausläufer des Stuhlecker Gebirgszuges. Auf einem Fußschemel meines Berges steht die Ruine Hohenwang. Als eines Tages der dunkelgrüne Mantel des Waldes ein Loch hatte, dachte ich, da könnte man hinaufsteigen und durch das Loch herausschauen. Den Namen des Berges konnte mir niemand sagen. Ein alter Bauer, der am Fuße desselben sein Haus hatte, meinte: „Der Berg do? Wos er für an Nom hätt? Hot weiter koan Nom, is holt die Sulzn."

Also die Sulzen. Eines Tages ging ich vom freundlichen Dorf Langenwang aus zwischen blumenreichen Matten und Feldern dahin. Zu einer kleinen Schlucht kam ich, welche wie eine Narbe in den sonst ganz glatten Talboden geschlagen und von etlichen Bäumen bestanden ist. In dieser schattigen Vertiefung steht eine Kapelle und das Muttergottesbild in derselben ist genannt: Maria im grünen Waldl. Genesende, von schwerer Krankheit aufgestandene Menschen pflegen noch schwankenden Schrittes hierherzukommen und an dieser friedlichen Stelle ihr Dankgebet zu verrichten. Weiterhin am Fuße des Berges hebt Jungwald an, der so wohl gepflegt ist,

Eingang zur Ruine Hohenwang bei Langenwang.

Die Brautwerbung zu Hohenwang.

dass einem das Herz lacht. Etwa zwanzig Minuten geht es auf glattem Wege sachte durch denselben hinan und auf einmal stehen wir am Fuße der Ruine Hohenwang, im Volksmunde das Hochschloss genannt. Am Fuße der Ruine zwischen Fichtenbäumchen steht das weitberühmte Kirchlein der Maria am Hochschloss. Das geschnitzte Altarbild stellt die Heimsuchung Mariens bei Elisabeth dar und soll uralt sein. An seinem unteren Rande steht die Jahreszahl 1109! Von nah und fern kommen häufig unfruchtbare Frauen herbei, um sich hier Segen zu erflehen. Ein Weib ist bekannt, das lebte schon jahrelang in der heiligen Ehe, ohne dass der Wunsch in Erfüllung ging. Also wallfahrtete sie zur Maria am Hochschloss und betete. Kurz nachher erfüllte sie Segen. Dann waren neun Jahre verflossen und das Weib hatte neun Kinder. Eins in jedem jungen Jahr! Da ging sie wieder gen Hochschloss und flehte um Abstellung der Gnade. Aber es kamen das zehnte und das elfte. Und wie ihr zwölf waren, alle gesund und munter, und sie schon soweit erwachsen waren, da zog die Schar – Vater, Mutter und Kinder – wie eine Prozession nach der Kapelle und opferte der Huldenreichen ein silbernes Herz, welches man sicherlich heute noch sehen kann, in einem Glaskästchen an der Wand prangend. Viel Leid und Sorge wird gewesen sein um die Kinder, aber brave, heitere Menschen sind daraus geworden, und so ist das eines der lieblichsten Wunder, die geschehen sind bei Maria am Hochschloss.

(Quelle: Auszug Peter Rosegger, Ausgewählte Schriften, „Spaziergänge in der Heimat", Hartleben, 1894)

Peter Rosegger erwähnte 1875 die Belagerung der Burg Hohenwang in einem Aufsatz, der in der Grazer Wochenzeitung „Der Dorfbote" erschienen war: „Reiter sprengen kreuz und quer, sprengen gegen vereinzelte Gehöfte, sprengen die Schluchten von Hohenwang hinan. Finster und trotzig steht die Burg dort auf dem Berge. Keine Fenstertafel glitzert, kein Fähnlein wallt; still und leblos ragt die Feste. Ein Häuflein Rotmäntel klettert den Berg hinan, klettert katzenhaft behendig den altersgrauen Wall empor, da bricht plötzlich das Wetter los. Steine hageln, qualmende Ströme von Pech regnet es nieder, dumpf und derb donnern die Flüche der wackeren Ritter und Knappen. Die Anstürmer purzeln, kollern in den Burggraben oder fliehen knirschend den Berg herab. Oh, der alten Burg bleibt nichts geschenkt. Mit den braunen, blutkrustigen Fäusten drohen sie, die schneeweißen Zähne fletschen sie der Festung empor: Dir wird nimmer der Mond voll! Und in einer der folgenden Nächte lodert die Burg Hohenwang in Flammen; das ganze weite Tal liegt im roten Scheine."

Als ich Christtagsfreuden holen ging

In meinem zwölften Lebensjahr wird es gewesen sein, als am Frühmorgen des heiligen Christabends mein Vater mich an der Schulter rüttelte: ich solle aufwachen, er habe mir was zu sagen. Als ich unter Mithilfe der Mutter angezogen war und bei der Frühsuppe saß, verlor sich die Schlaftrunkenheit, und nun sprach mein Vater: „Peter, jetzt höre, was ich dir sage. Da nimm meinen Stecken, denn es ist viel Schnee, und da nimm eine Laterne, denn der Pfad ist schlecht, und die Stege vereist. Du musst hinabgehen nach Langenwang. Der Holzhändler Spreitzegger zu

Doppelreiter
1 KREUZER 1851

Langenwang, der ist mir noch immer Geld schuldig, zwei Gulden und sechsunddreißig Kreuzer für den Lärchenbaum. Ich lasse ihn bitten darum. Mit dem Geld gehst nachher zum Kaufmann Doppelreiter und kaufest zwei Massel Semmelmehl und zwei Pfund Rindschmalz und um zwei Groschen Salz und das tragst heim." Jetzt war auch meine Mutter zugegen, ebenfalls schon angekleidet, während meine sechs jüngeren Geschwister noch ringsum an der Wand in ihren Bettchen schliefen. Die Mutter, die redet drein wie folgt: „Mit Mehl und Schmalz und Salz allein kann ich kein Christtagsessen richten. Ich brauch dazu noch Germ (Bierhefe) um einen Groschen, Weinbeerln um fünf Kreuzer, Zucker um fünf Groschen, Safran um zwei Groschen und Neugewürz um zwei Kreuzer. Etliche Semmeln werden auch müssen sein." „So kaufest es", setzte der Vater ruhig bei. „Und wenn dir das Geld zu wenig wird, so bittest den Herrn Doppelreiter, er möchte die Sachen derweil borgen und zu Ostern, wenn die Kohlenraitung ist, wollte ich schon fleißig zahlen. Eine Semmel darfst du unterwegs selber essen, weil du vor Abend nicht heimkommst. Und jetzt kannst gehen, es wird schon fünf Uhr, und dass du noch die Achte-Messe erlangst zu Langenwang."

Nach langer Wanderung ins Tal gekommen zur Landstraße, klingelte Schlittengeschelle, der Nebel ward grau und lichter, sodass ich die Fuhrwerke und Wandersleute, die für die Feiertage nach ihren Heimstätten reisten, schon auf kleine Strecken weit sehen konnte. Nachdem ich eine Stunde lang im Tale fortgegangen war, tauchte links an der Straße im Nebel ein dunkler Fleck auf, rechts auch einer, links mehrere, rechts eine ganze Reihe – das Dorf Langenwang.

Alles, was Zeit hatte, ging der Kirche zu, denn der Heilige Abend ist voller Vorahnung und Gottesweihe. Trotzdem ging ich guten Mutes hinaus in den nebligen Tag, wo alles emsig war in der Vorbereitung zum Feste.

Ich ging nach der Achte-Messe dem Hause des Holzhändlers Spreitzegger zu. Als ich daran war, zur vorderen Tür hineinzugehen, wollte der alte Spreitzegger, soviel ich später reimte, durch die hintere Tür entwischen. Es wäre ihm gelungen, wenn mir nicht im Augenblicke geschwant hätte: Peter, geh nicht zur vorderen Tür ins Haus wie ein Herr, sei demütig, geh zur hinteren Tür hinein, wie es dem Waldbauernbuben geziemt. Und knapp an der hinteren Tür trafen wir uns.

„Ah, Bübel, du willst dich wärmen gehen", sagte er mit geschmeidiger Stimme und deutete ins Haus, „na, geh dich nur wärmen. Ist kalt heut!" Und wollte davon.

„Mir ist nicht kalt", antwortete ich, „aber mein Vater lässt den Spreitzegger schön grüßen und bitten ums Geld."

„Ums Geld? Wieso?", fragte er, „ja richtig, du bist der Waldbauernbub. Bist früh aufgestanden, heut, wenn du schon den weiten Weg kommst. Rast nur ab. Und ich lass deinen Vater auch schön grüßen und glückliche Feiertage wünschen; ich komm ohnehin einmal zu euch hinauf, nachher wollen wir schon gleich werden." Fast verschlug's mir die Rede, stand doch unser ganzes Weihnachtsmahl in Gefahr vor solchem Bescheid.

„Bitt' wohl von Herzen schön ums Geld, muss Mehl kaufen und Schmalz und Salz, und ich darf nicht heimkommen mit leerem Sack."

Er schaut mich starr an. „Du kannst es!", brummte er, zerrte mit zäher Gebärde seine große, rote Brieftasche hervor, zupfte in den Papieren, die wahrscheinlich nicht pure Banknoten waren, zog einen Gulden heraus und sagte: „Na, so nimm derweil das, in vierzehn Tagen wird dein Vater den Rest schon kriegen. Heut' hab' ich nicht mehr." Den Gulden schob er mir in die Hand, ging davon und ließ mich stehen. Ich blieb aber nicht stehen, sondern ging zum Kaufmann Doppelreiter. Dort begehrte ich ruhig und gemessen, als ob nichts wäre, zwei Massel Semmelmehl, zwei Pfund Rindschmalz, um zwei Groschen Salz, um einen Groschen Germ, um fünf Kreuzer Weinbeerln, um fünf Groschen Zucker, um zwei Groschen Safran und um zwei Kreuzer Neugewürz. Der Herr Doppelreiter bediente mich selbst und machte mir alles hübsch zurecht in Päckchen und Tütchen, die er dann mit Spagat zusammen in ein einzelnes Paket band und an den Mehlsack so hing, dass ich das Ding über der Achsel tragen konnte, vorne ein Bündel und hinten ein Bündel. Als das geschehen war, fragte ich mit einer nicht minder tückischen Ruhe als vorhin, was das alles zusammen ausmache?

„Das macht drei Gulden fünfzehn Kreuzer", antwortete er mit Kreide um den Mund. "Ja, ist schon recht", hierauf ich, „da ist derweil ein Gulden, und das andere wird mein Vater, der Waldbauer in Alpl, zu Ostern zahlen."

Schaut mich der bedauernswerte Mann an und fragte höchst ungleich: „Zu Ostern? In welchem Jahr?" „Na nächste Ostern, wenn die Kohlenraitung ist." Nun mischte sich die Frau Doppelreiter, die andere Kunden bediente, drein und sagte: „Lass ihm's nur, Mann, der Waldbauer hat schon öfter auf Borg genommen und nachher allemal ordentlich bezahlt."

Jetzt fielen mir auch die Semmeln ein, welche meine Mutter noch bestellt hatte. „Kann man da nicht auch fünf Semmeln haben?", fragte ich.

„Semmeln kriegt man beim Bäcker", sagte der Kaufmann.

Das wusste ich nun gleichwohl, nur hatte ich mein Lebtag nichts davon gehört, dass man ein paar Semmeln auf Borg nimmt, daher vertraute ich seiner Frau, die sofort als Gönnerin zu betrachten war, meine vollständige Zahlungsunfähigkeit an. Sie gab mir zwei bare Groschen für Semmeln, und als sie nun noch beobachtete, wie meine Augen mit den reiffeuchten Wimpern fast unlösbar an den gedörrten Zwetschgen hingen, die sie einer alten Frau in den Korb tat, reichte sie mir auch noch eine Handvoll dieser köstlichen Sache zu: „Unterwegs zum Naschen."

Das wird morgen ein Christtag werden! Denn die Mutter kann's, wenn sie die Sachen hat. Ein Schwein ist ja auch geschlachtet worden daheim, das gibt Fleischbrühe mit Semmelbrocken, Speckfleck, Würste, Nierenlümperln, Knödelfleisch mit

Kren, dann erst die Krapfen, die Zuckernudeln, das Schmalzkoch mit Weinbeerln und Safran! – Die Herrenleut da in Langenwang haben so was alle Tag, das ist nichts, aber wir haben es im Jahr einmal und kommen mit unverdorbenem Magen dazu, das ist was!

Doch als ich eine Weile die schlittenglatte Landstraße dahingegangen war, unter den Füßen knirschenden Schnee, musste ich mein Doppelbündel schon einmal wechseln von einer Achsel auf die andere. Mittlerweile war es Mittagszeit geworden. Durch den Nebel war die milchweiße Scheibe der Sonne zu sehen; sie war nicht hoch an dem Himmel hinaufgestiegen, denn um vier Uhr wollte sie ja wieder unten sein, zur langen Christnacht.

Als ich später in die Bergwälder hinaufkam und der graue Nebel dicht in den schneebeschwerten Bäumen hing, dachte ich an den Grabler Hansel. Das war der Kohlenführer, der täglich von Alpl seine Fuhre ins Mürztal lieferte. Wenn er auch heute gefahren wäre! Auf einmal roch ich starken Tabakrauch. Knapp hinter mir ging – ganz leise auftretend – der grüne Kilian. Der Kilian war früher einige Zeit lang Forstgehilfe in den gewerkschaftlichen Waldungen gewesen, jetzt war er's nicht mehr, wohnte mit seiner Familie in einer Hütte drüben in der Fischbacher Gegend, man wusste nicht recht, was er trieb. Nun ging er nach Hause. Er hatte einen Korb auf dem Rücken, an dem er nicht schwer zu tragen schien, sein Gewand war noch ein jägermäßiges, aber hübsch abgetragen, und sein schwarzer Vollbart ließ nicht viel sehen von seinem etwas fahlen Gesicht. Als ich ihn bemerkt hatte, nahm er die Pfeife aus dem Mund, lachte laut und sagte: „Wo schiebst denn hin, Bub?"

„Heim zu", meine Antwort.

„Was schleppest denn?"

„Sachen für den Christtag."

„Gute Sachen? Der Tausend sapperment! Wem gehörst denn zu?"

„Dem Waldbauer."

„Zum Waldbauer willst gar hinauf! Da musst gut antauchen."

„Tu's schon", sagte ich und tauchte an.

„Nach einem solchen Marsch wirst gut schlafen bei der Nacht", versetzte Kilian, mit mir gleichen Schritt haltend.

„Heut wird nicht geschlafen bei der Nacht, heut ist Christnacht."

„Was willst denn sonst tun, als schlafen bei der Nacht?"

„Nach Kathrein in die Mette gehen."

„Nach Kathrein?", fragte er, „den weiten Weg?"

„Um zehn Uhr abends gehen wir vom Haus fort und um drei Uhr früh sind wir wieder daheim."

„Wenn du dein Bündel in meinen Buckelkorb tun willst, dass ich es eine Zeitlang trag und du dich ausrasten kannst, so hast ganz recht, warum soll der alte Esel nicht auch einmal tragen!“ Damit war ich einverstanden, und während mein Bündel in seinen Korb sank, dachte ich: Der grüne Kilian ist halt doch ein besserer Mensch, als man sagt. Dann rückten wir wieder an, ich huschte frei und leicht neben ihm her.

“Ja, die Weihnachten!“, sagte der Kilian pfauchend, „da geht's halt drunter und drüber. Da reden sich die Leut' in eine Aufregung und Frömmigkeit hinein, die gar nicht wahr ist. Im Grunde ist der Christtag wie jeder andere Tag, nicht ein Knopf anders. Der Reiche, ja, der hat jeden Tag Christtag, unsereiner hat jeden Tag Karfreitag.“

Doch was er noch weiter sagte, das verstand ich nicht mehr; denn er hatte angefangen, sehr heftig zu gehen, und ich konnte nicht recht nachkommen. Ich rutschte auf dem glitschigen Schnee mit jedem Schritt ein Stück zurück, der Kilian hatte Fußeisen angeschnallt, hatte lange Beine, war nicht abgemattet – da ging's freilich voran.

„Herr Kilian!“, rief ich.

Er hörte es nicht. Der Abstand zwischen uns wurde immer größer, bei Wegbiegungen entschwand er mir manchmal ganz aus den Augen, um nachher wieder in größerer Entfernung, halb schon von Nebeldämmerung verhüllt, aufzutauchen. Jetzt wurde mir bang um mein Bündel.

Als wir denn beide so merkwürdig vorwärts kamen, holten wir ein Schlittengespann ein, das vor uns mit zwei grauen Ochsen und einem schwarzen Kohlenführer langsam des Weges schliff. Der Grabler Hansel. Mein grüner Kilian wollte schon an dem Gespann vorbeihuschen, da schrie ich von hinten her aus Leibeskräften: „Hansel! Hansel! Sei so gut, leg mir meine Christtagssachen auf den Schlitten, der Kilian hat sie im Korb, und er soll sie dir geben!“

Mein Geschrei muss wohl sehr angstvoll gewesen sein, denn der Hansel sprang sofort von seinem Schlitten und nahm tatbereite Haltung an. Und wie der Kilian merkte, ich hätte hier einen Bundesgenossen, riss er sich den Korb vom Rücken und schleuderte das Bündel auf den Schlitten. Noch knirschte er etwas von „dummen Bären“ und „Undankbarkeit“, dann war er aber auch schon davon.

Der Hansel rückte das Bündel zurecht und fragte, ob man sich draufsetzen dürfe. Das bat ich, nicht zu tun.

So tat er's auch nicht, wir setzten uns hübsch nebeneinander auf den Schlitten und ich hielt auf dem Schoß sorgfältig mit beiden Händen die Sachen für den Christtag. So kamen wir endlich nach Alpl. Als wir zur ersten Fresenbrücke gekommen waren, sagte der Hansel zu den Ochsen: „Oha!“ und zu mir: „So!“ Die Ochsen verstanden und blieben stehen, ich verstand nicht und blieb sitzen. Aber nicht mehr lange, es war ja zum Aussteigen; denn der Hansel musste links in den Graben hinein und ich rechts den Berg hinauf.

„Dank dir's Gott, Hansel!“ Und zuletzt war ich doch daheim.

„Hast alles?“, fragte die Mutter am Kochherd mir entgegen. „Alles!“ „Brav bist. Und hungrig wirst sein.“

Sogleich zog die Mutter mir die klingend hart gefrorenen Schuhe von den Füßen, denn ich wollte, dass sie frisch eingefettet würden für den nächtlichen Mettengang. Dann setzte ich mich in der warmen Stube zum Essen.

Aber siehe, während des Essens geht es zu Ende mit meiner Erinnerung. – Als ich wieder zu mir kam, lag ich wohlausgeschlafen in meinem warmen Bette, und zum kleinen Fenster herein schien die Morgensonne des Christtages.

(Quelle: Auszug Peter Rosegger, „Waldheimat" Band 2: Der Guckinsleben, Gesammelte Werke, Band 13, Leipzig 1914)

Lebensbeschreibung von sich selbst

Nein doch, ich vertraue der Zukunft. Es werden Stürme kommen, wie sie die Welt noch nicht gesehen; aber wenn wir die großen Anbilder und Tugenden der Besten unserer Vorfahren und die wenigen von heute, die Schlichtheit, die Opferwilligkeit, den Familiensinn, den Frohsinn, die Liebe, die Treue, die Zuversicht in die Zukunft hinüberzutragen vermögen, um sie neu zu beleben und zu verbreiten, dann wird es gut werden.

Das Roseggergrab in Krieglach.

Ich habe mein schwaches Talent nicht vergraben. Ich habe mich nicht betören lassen von jener Lehre, dass der Poet neben dem Schönheitsprinzipe keine Absicht haben solle, und auch nicht von jener, die im Dichterwerk nur Zweck will, sei es nach dem Moralischen oder dem Materiellen hin. Ich habe die Gestalt genommen, wie sie das Leben gab, aber sie nach eigenem Ermessen beleuchtet. Ich habe die hellsten Lichtpunkte dorthin fallen lassen, wo ich glaube, dass das Schöne und Gute steht, damit entschwindende Güter wieder ins Auge und Herz der Menschen dringen möchten. Des Niedrigen habe ich gespottet, das Verderbliche bekämpft, das Vornehme geehrt, das Heitere geliebt und das Versöhnende gesucht. Mehr kann ich nicht tun.

Soll es nun heute sein, oder in noch späteren Tagen, willig mag ich meinen morschen Wanderstab zur Erde legen, willig meinen Namen verhallen lassen, wie des heimkehrenden Älplers Juchschrei verhallt im Herbstwind. Aber ich – ich selbst möchte mich an dich, du liebe, arme, unsterbliche Menschheit klammern und mit dir sein, durch der Jahrhunderte Dämmerung hin – und Weg suchen helfen – den Weg zu jener Glückseligkeit, die das menschliche Gemüt zu allen Zeiten geahnt und gehofft hat.

(Quelle: Peter Rosegger, Auszug aus „Die Schriften des Waldschulmeisters“, Leipzig 1913)

Nachwort „Die schnelle Zeit“

Der Mürztaler Karl Skala (1924–2006) wurde durch seine in Roseggermundart verfassten Gedichte bekannt. Mit nachfolgendem Gedicht spricht er uns aus der Seele! Die Zeit lässt sich zwar nicht anhalten, sondern nur verlangsamen, indem man die eigene Wahrnehmung maßgeblich bestimmt. Im Nachhinein gesehen wirkt die Zeit länger, wenn man Neues emotional erlebt und sich später in Erinnerung ruft. Mit diesem neuen Buch möchte ich wiederholt das Vergangene aus meiner Heimat dem Vergessen entreißen und es für die Nachwelt erhalten.

Die schnelle Zeit

Immer auf den Beinen,
ohne Rast und Ruh’,
wandre so ich meinen
Erdenzielen zu.

Freunde lern’ ich kennen,
da am Weg und dort.
Wiedersehn und Trennen,
heißt es immerfort.

Alles eilt auf Erden,
niemand weiß wie weit,
und auf alles Werden
tropft die schnelle Zeit.

(Quelle: Karl Skala aus „Feierabendandacht“, 1957 Eigenverlag)

Ihrem
Peter Rosegge
Die Heimatgemeinde
11.7.1937
Neugestaltung
2007